노년에 관한 인문학적 성찰

고봉만 김화자
이성재 오윤희
박승억 김원한
김연순 박아르마

충북대학교 출판부

노년에 관한 인문학적 성찰

고봉만
이성재
박승억
김연순
김화자
오윤희
김원한
박아르마

머리말

삶과 글, 몸과 얼에 대해 새롭게 생각해 보고, 시민과 소통하고자 노력하는 충북대학교 인문학 연구소에서 『노년에 관한 인문학적 성찰』을 세상에 내놓게 되었습니다. 『노년에 관한 인문학적 성찰』은 21세기 들어 급격하게 변화하는 시대의 소용돌이에서 제기되는 많은 문제들 중에서, 가정과 사회 모두에서 중요한 자리를 차지하는 노인 문제에 초점을 맞추었습니다. 이 책을 기획하면서 충북대학교 인문학연구소는 중점 연구 영역으로 '노년의 인문학'을 설정하게 되었습니다. 그리고 이를 통해 이미 초고령 사회에 진입하였지만, 여전히 새로운 인식을 만들어 나가지 못하고 표류하는 노년에 관한 해법을 모색해 보고자 합니다. 저희는 노인으로 산다는 것이 타고 남은 불씨가 아니며, 언제나 치열하게 살아가야 하는 또 다른 불꽃이라고 봅니다. 그리하여 '노년의 인문학'은 노년에 관하여 다양한 관점에서 인문적 사유를 집중적으로 제시하고, 노년에 관한 담론을 다각도로 공유하고 실천할 수 있게 하고 싶었습니다.

우리나라뿐만 아니라 전 세계적으로 제기되고 있는 '고령 사회' 문제는 문명의 발달과 더불어 평균 수명이 신장되고 지난 세기의 시대사를 담고 있는 베이비부머 세대와 맞물린 노인의 수적 급증에 따른 것입니다. 노인의 실존과 관련해서 가장 많이 논의되고 있는 주제들은 성(性)과 건강, 경제와 소외, 인권과 가족 등을 비롯해서 다양합니다. 그러나 무엇보다도 노인에게 있어서 가장 중요한 것은 죽음의 문제일 것입니다. 앞에 제기되었던 주제들도 직간접적으로 죽음과 연관되어 있습니다. 이런 의미에서 노인의 건강과 경제는 사회적으로 더욱 주목받고 있지만, 노인에게 있어서 가장 우선시 되어야 할 것은 개개인의 실존적 차원에서 간단치 않은 문제로 인식되는 삶의 가치 문제입니다. 표면적으로 부각되는 건강과 돈의 문제도 중요하겠으나 그로 인해 간과되는 삶의 가치 문제는 살아야 할 이유와 직간접적으로 맞물려 있기 때문입니다.

가족과 사회의 온갖 풍상을 견디어낸 뒤 삶의 막바지에 이르러 그간의 삶을 돌아보고 정리하는 시기가 노년이라고들 말합니다. 그러나 노년에는 해야 할 것과 노년만이 할 수 있는 것 그리고 하고 싶은 것 등 많은 생각들이 더 진솔하게 제기됩니다. 이것들은 노년의 삶의 가치를 다시 정립하는 것에 맞닿아 있습니다. 노년은 죽음의 문제가 그 어느 시기보다 선명하게 드러나는 시기이기에 삶이 더욱더 부각되는 시기이기도 합니다. 더운 여름날에 마시는 한 잔의 냉수가 더욱 시원하게 다가오는 것과 마찬가지입니다. 죽음에 다가가는 삶을 제대로 준비하는 것도 중요하지만, 죽음을 의식하면서도 그만큼 더 치열하게 살아가는 것도 아름답습니다. 이런 맥락에서 노년의 삶과 가치를 다양한 시각에서 심도 있게 접근할 수 있는 인문적 사유가 필요합니다. 그리하여 노년의 인문학이 새롭게 제기되어야 하며, 또 제기되고 있습니다. 그렇다면 노년을 위한 삶의 인문적 담론에는 어떤 주제들이 제기될 수 있을까요? 이제부터 그 주제들을 살펴보기로 하겠습니다.

제1부의 제목은 '노년에 대한 인식이 변하고 있다'입니다. 여기서는 노년/노인의 개념과 관련한 역사적 이해를 기반으로 현재 논의되어야 할 문제들을 살펴보았으며, 제2부 '노년의 실존을 들여다 보다'에서는 노년의 실존적인 문제를 다양한 장르를 통해 살펴보고 있습니다.

우선 제1부의 첫 번째 주제인 이성재의 「노년의 역사적 문제 이해」는 한편으로는 존경받지만 다른 한편으로는 조롱의 대상이 되는, 노인에 대한 인식이 가지는 이중적인 측면을 서양사에서 살펴보고, 이를 역사적 사례를 통해 구체적으로 확인합니다. 이어지는 박승억의 글 「세컨드 라이프? 첨단 기술 시대에 노년을 다시 생각해야 할 이유」는 현재 상황에 포커스를 맞추었습니다. 과거와 달리 노년의 지혜가 더 이상 사회적 효용성이 없고 노년은 그저 생물학적 쇠퇴만을 의미하는 단어로 되어버린 첨단 기술 시대에 특히 노년의 재정의 필요성을 강조합니다. 아울러 이미 현재에 이르러서 '노년'을 다시 정의해야만 하는 문화적 임계 상태에 이르렀음을 조심스럽게 제시하면서, 첨단 기술의 발전은 노년의 사회적 유용성을 새로운 형태로 부활시킬 것으로 예견하고 있습니다. 한편 김연순의 글 「실버 세대의 어제와 오늘」은 100세를 넘어서서 120세를 평균수명으로 예측하고 있는 오늘날 '노인'의 사회적 인식변화에 따른 재개념화를 생각하면서 개념 분화 현상으로 제시되는 '실버 세대'의 의미와 그 개념에서 다시 분화된 '뉴실버 세대'의 현상들이 무엇을 의미하는지를 살펴봅니다. 이것을 통해 노인, 어르신, 실버 세대, 뉴실버 세대 등 다양한 표현어들이 노인의 개인적이면서 사회적인 실존을 드러내면서 이미지화 되고 있음을 엿볼 수 있습니다. 아울러 오늘날의 실버 세대와 뉴실버 세대가 어떤 차이를 가지는지, 그 안에 함축된 탈노년의 의미란 무엇인지를 생각해 봅니다. 1부 마지막 글인 김화자의 「시선의 변화와 주름진 몸」은 인간의 몸이란 초월적이고 이성적인 정신의 집으로만 생각할 수 없음을 제시합니다. 주체는 끊임없이 바깥의 타자와 관계 맺고 공존할 때야 비로소 '자기'로 존재할 수 있기 때문에 그것을 제시할 수 있는 몸 없는 정신주체란 불가능하다는 것입니다. 이때 노인의 주름은 주체로서 몸의 능동적이면서 수동적인, 감각적이면서 지성적인 행위 사이를 횡단하면서 형성된 패인 깊이로 해석됩니다. 이런 의미에서 노인 주름의 윤리적 의미와 가치 및 노인 성형의 문제점들이 함께 제시됩니다.

2부 '노년의 실존을 들여다 보다'의 장은 노년의 실존적인 문제를 다양한 장르에서 다룹니다. 오윤희의 글 「독일 문학에 나타나는 노년의 삶의 양상」은 독일 문학에 나타나는 노년의 삶에 대한 다양한 평가와 묘사를 주목합니다. 여기서 외부에서 바라보는 노년의 의미는 무엇이며 노인 자신이 느끼는 나이듦에 따른 변화는 어떤 것이 있는지 그리고 더 나아가 본인과 주변인들과의 갈등은 어떤 것이 있을 수 있으며 그 양상은 어떻게 전개되는지를 살펴봅니다. 김원한의 글 「톨스토이와 죽음(또는 노년)의 문제」는 톨스토이의 삶과 작품을 통해 노인과 죽음의 문제를 생각해봅니다. 그는 1870년대 후반에 위기로 닥쳐왔던 삶의 가치에 대한 의혹을 『참회록』과 『인생론』에서 철학적으로 풀어냅니다. 여기서 그는 죽음의 공포로부터 벗어나려는 고통스런 시도에서 죽음에 관한 철학적 명상과 직접적인 단언을 써내려갑니다. 이글은 그러한 톨스토이의 죽음관이 작품에서 어떻게 예술적으로 형상화되었는지 그리고 톨스토이의 죽음관과 기독교의 죽음 의식이 서로 어떻게 맞물려 있는지 비교하고 있습니다. 이로써 노년에 톨스토이가 전통적인 기독교의 죽음관과 부활 믿음을 어떻게 수용하였는지를 알아봅니다. 한편 고봉만의 글 「몽테뉴, 죽음으로 삶을 성찰하다」는, 흔히 생각하듯이 연륜이 쌓인다고 지혜가 저절로 얻어지는 것이 아니라는 이성적 시각에서 몽테뉴가 생각한 노년을 제시하고 있습니다. 몽테뉴는 몸과 마음에 새겨진 쇠퇴의 흔적을 돌이켜 보면서 노인에 이른 자신도 한계가 있는 인간에 불과하다는 사실을 받아들이라고 말합니다. 이로써 결국 사는 법을 배우는 것은, 결점을 지닌 채 살아가고 결점도 기꺼이 받아들일 수 있어야 한다는 법을 배우는 것임을 말하는 것입니다. 마지막으로 박아르마의 「웰다잉과 죽음준비교육의 필요성」은, 모든 사람은 죽음을 피할 수 없음을 출발점으로 삼고, 죽음을 피할 수 없다면 죽음에 대해 알고 이해하여 죽음을 적극적으로 수용하는 자세가 필요하다고 주장합니다. 죽음에 대한 이해는 삶에 대한 단순한 마무리를 넘어 죽음의 공포를 극복하고 현재의 삶을 사랑하게 만드는 시작이 될 수 있다는 것입니다. 웰다잉 운동 역시 죽음의 실체를 알고 그것에 맞서 어떻게 싸우며 수용할 것인지 고민하는 과정과 현재의 삶의 소중함에 대해 생각하고 인간으로서의 존엄성을 잃지 않은 채 아름다운 마무리를 할 수 있는 방법을 찾으려는 고민에서 시작된 것입니다.

보통 '노년'은 삶의 끝자락에 서서 '죽음'을 향해 걸어가는 시기를 의미하기도 합니다. 그러나 자연의 순환을 놓고 볼 때, 노년은 죽음을 생각하지만 다른 한편으로 그 안에서 자연의 순환 전체를 품고 생을 거듭 준비하는 시기이기도 합니다. 이때의 생이란 힘차게 뻗어있는 긴 미래는 아니지만 지나온 삶의 모두를 품고 얼마가 남았는지 알 수 없는 시간들을 다시 풀어내야 하는 남은 생을 의미합니다. 그런 까닭에 노년의 문제는 그 어떤 주제보다도 삶과 죽음이 밀착되고 삶의 가치와 맞물려 재고하지 않을 수 없는 많은 이야기들을 품고 있는 것입니다. 이를 위해 『노년에 관한 인문학적 성찰』에 실린 글들은 노년에 관련된 다양한 담론에 인문정신을 불어넣어, 이에 관심 있는 독자들이 노년 삶의 가치와 관련된 다양한 문제들을 함께 생각하고 그 해법을 모색하는 것에 동참하는 계기를 갖고자 합니다. 충북대학교 인문학연구소는 그것을 위해 독자들과 함께 노년에 관한 담론을 펼칠 수 있는 실천의 장을 열고 싶습니다.

충북대학교 인문학연구소 소장 **고 봉 만**

목 차

4

머리말

제 1부 : 노년에 대한 인식이 변하고 있다

15

근대 프랑스 사회에서의 노인에 대한 사회적 인식 변화

- 17~18세기의 노인 부조 정책을 중심으로 -

43

세컨드 라이프? 첨단 기술 시대에 노년을 다시 생각해야 할 이유

65

실버 세대의 어제와 오늘

87

시선의 변화와 '주름진 몸'

제 2부 : 노년의 실존을 들여다 보다.

111
독일 문학에 나타나는 노년의 삶의 양상
'사랑에 빠진 노인'에 관한 3개의 장면

137
톨스토이와 죽음(또는 노년)의 문제

159
몽테뉴, 죽음으로 삶을 성찰하다

177
웰다잉과 죽음준비교육의 필요성

201
집필진 소개

제 1부 :
노년에 대한 인식이 변하고 있다

이성재

근대 프랑스 사회에서의 노인에 대한 사회적 인식 변화

- 17~18세기의 노인 부조 정책을 중심으로 -***

I. 서론

서양에서는 16~17세기까지도 노인에 대한 이중적 이미지가 잔존했다. 중세 말에서 르네상스로 넘어가는 시기는 사회의 많은 부분에서 우리의 시각으로 보면 이중적인 측면을 발견할 수 있는데, 이것은 노인을 바라보는 태도에서도 나타났다. 즉 노인은 한편으로는 존경을 받기도 했지만 다른 한

*** 본 글은 2012년 9월 『서양사론』에 실린 이성재, 「근대 프랑스 사회에서의 노인에 대한 사회적 인식 변화」를 수정, 보완한 글이다.

편으로는 조롱의 대상이기도 했던 것이다. 이것은 인류학적으로 보면 노인이 일종의 경계에 놓인 존재임을 의미한다. 예를 들어 중세에 숲 속에서 살던 노인들은 오랜 경험을 바탕으로 의학적 지식을 가지고 있었고, 사람들의 병을 고쳐주기도 했다. 하지만 이들은 종종 그들의 외모 때문에 마법사와 마녀로 오인받기도 하면서 공포를 불러 일으켰다. 다시 말하면 이들은 사회로부터 일정 정도 떨어져 있기도 했지만 또한 사회가 필요로 하는 존재였다고도 말할 수 있다.

하지만 이런 이유로 노인은 하나의 사회 계층으로서 정당한 대우를 받지 못하였다. 자선의 범주에서 노인은 다른 빈민들과 달리 그 혜택을 누리지 못했던 것이다. 이에 대해 역사가 장-피에르 부아(Jean-Pierre Bois)는 "중세에 사람들은 그가 살고 있는 공동체의 범주 안에서 자신의 생존 능력에 의해 규정되었다. 젊거나 늙거나 아니라 사회에 쓸모가 있는가 없는가에 의해 판단되었다"[1]고 말했다. 이 말은 노인에 대한 중세인들의 관념이 현재와 같이 특별하지 않았다는 것을 보여준다.

고대와 중세에 노인에 대한 경멸과 찬양이라는 이중적 모습은 다양한 사료를 통해 확인할 수 있다. 예를 들어 플라톤이 스파르타의 장로 정치를 찬양한 반면, 아리스토텔레스는 노년을 하나의 쇠퇴로 보면서 지혜도 정치적 능력도 없는 시기로 생각했다. 따라서 노년에 대한 이러한 이중적 인식은

---

1) Jean-Pierre Bois, "Du pauvre stropiat à la personne âgée dépendante", *Réadaptation*, La vie des personnes âgées devenues dépendantes, no. 40(décembre 1996). http://www.serpsy.org/formation_debat/intro_mariodile.html.

역사가의 사료 선택에 의해 다양한 방식으로 해석될 소지를 가지고 있다. 그럼에도 불구하고 서양의 역사를 노인에 대한 태도에 초점을 맞추어 살펴보면 18세기 이후에 어떤 변화가 감지된다. 그것은 과거와는 달리 이 시기에 이르러 노인에 대한 긍정적 시선이 큰 비중을 차지하고 있다는 것이다. 단순히 사람만이 아니라 '오래된' 모든 것에 대해서 사람들은 점차 높은 가치를 부여하고 있는 듯하다. 과연 어떤 변화가 일어난 것일까? 혹은 이것은 단순한 추측에 불과한 것일까?

본 논문에서는 이를 살펴보기 위해 당시의 인구 변화와 '자선의 대상으로서의 노인'에 대한 부조라는 범위를 설정한 후 이에 대한 논의를 전개하고자 한다. 우선 2장에서는 중세말부터 17세기까지의 노인에 대한 자선 양상을 간략하게 살펴볼 것이다. 그리고 3장에서는 18세기의 사회 변화를 노인 수의 증가, 노인에 대한 긍정적 이미지의 확산과 관련지어 고찰하고자 한다. 이후 4장에서는 18세기의 노인 부조 정책의 양상을 병원 부조의 사례를 통해 구체적으로 제시하고자 한다.

II. 중세말 근대초 노인에 대한 자선

1. 병든 빈민

중세에 노인 전문 자선 기구에 대한 언급이 전혀 없었던 것은 아니었다. 예를 들어 15세기에 피렌체의 안토닌(Antonin)은 여러 형태의 자선 기관을 열거하면서 그 중 하나로 노인 요양 기관을 들고 있다. 그는 구호소를 빈민과 순례자가 머무는 여각(syndochium), 식량 제공 구호소(procotrophium), 노인 요양 기관(gerontocomium), 고아원(orphanotrophium), 어린이들을 돌보는 기관(brephotrophium) 등으로 구별했는데 이를 보면 노인을 위한 기구의 필요성에 대한 인식이 있었음을 알 수 있다. 이러한 목록이 단지 이론적인 구분에 머물러 있었던 것 같지는 않다. 이미 1212년 파리 공의회는 나환자 수용소에 건장한 사람들이 아픈 사람들보다 수가 더 많다고 지적하면서 그 가장 큰 이유로 많은 건장한 사람들이 나환자 수용소를 그들의 요양 장소로 선택했기 때문이라고 지적한 바 있다. 1264년 기록에 따르면 샤르트르(Chartres)의 병원은 은퇴자를 위한 노인 지침을 가지고 있었다. 또한 중세에는 노인을 받아들이라는 의무 규정을 둔 기관들도 있었다. 예를 들어 1403년에 파리 주교는 이 도시의 금은세공사 조합 회원으로 나이가 들어 더 이상 일할 수 없는 사람들을 병원이 받아들여야 한다고 말했다. 포레(Forez)의 샹디유(Champdieu) 병원에서도 1500년 8월에 60세에 이른 남녀 12명을 수용할 것을 계획했다는 기록이 있다. 이처럼 중세 말기에 노인을 위한 다소의 배려를 자선의 영역에서 찾아볼 수 있다.

하지만 이런 몇몇 기록들만 가지고 노인을 위한 전문화된 자선 기구가 존재했다고 말할 수는 없다. 우선 노인은 과부와 고아, 병자와 장애인과 같은 전통적인 자선의 범주에 포함되지 못했다. 다만 '병든 빈민'에 대한 자선이 노인에 대한 자선일 가능성이 높다고 추정할 뿐이다. 또한 노인에 대한 자선의 언급이 있는 경우에도 그 경계는 매우 모호하다. 예를 들어 당시 가난한 맹인들을 위한 캥즈-뱅(Quinze-vingt)에 노인들이 많이 들어갔으리라고 추측할 수는 있지만, 이 역시 그들이 노인이라서가 아니라 신체적 불구로 인해 자선의 대상이 된 것이라고 보는 것이 타당하다. 정확히 말하면 노인들은 아직 자선에서 독자적인 영역을 차지하지 못했으며, 당시에 가장 흔하게 쓰이던 '병든 빈민'(Pauvres malades)에 속해 있었다고 할 수 있다.

2. 신체적 허약함

하지만 16세기 초에 빈민 수가 급증하면서 제기된 사회 문제는 노인의 빈곤에 대한 관심을 증가시켰다. 예를 들어 가톨릭 인문주의자였던 비베스(Juan Luis Vives)는 1526년에 출간한 『빈민구제에 관해서』(*De Subventione Pauperum*)에서 빈민 상태를 파악하고 등록해야 한다는 것을 주장했는데, 특히 노약자, 아동, 정신병자, 맹인에게 각각 적당한 노동을 시켜야 한다고 강조했다. 그는 "노쇠하여 수용원에 들어온 사람이라 하더라도 건강이 허락하는 한 적당한 일거리를 주어야 한다. 그리하여 노약자라 하더라도 무위로 허송세월하게 해서는 안 될 것이며 쉬운 일이라도 반드시 일을 시켜야 한다"고 말했다.

16세기에 노인을 위한 자선 기구에 대한 사례는 파리에서도 발견할 수 있다. 1544년에 파리에서 창설된 빈민국의 부속 기구 가운데 하나였던 프티트 메종(Petites Maisons)은 70세 이상의 독거노인을 위한 자선을 중점적으로 담당하고 있었다. 이것은 노인들의 신체적 허약함을 파리시가 인식했다는 점에서 노인에 대한 전문화된 부조가 이제 시 차원에서 논의되고 있었음을 보여준다고 할 수 있다. 물론 그곳에서의 삶이 현대의 요양원에서의 삶처럼 안락하지는 않았겠지만 점차 자선 사업에서 노인에 대한 특별한 배려가 취해졌다는 점은 주목할 만하다. 이외에도 노인들에 대한 특별한 애정을 표현하는 사례가 드물지만 발견된다. 생-오귀스탱의 참사위원이자 매탱쿠르(Mattaincourt)의 주임 사제였던 피에르 푸리에(Pierre Fourier: 1565~1640)의 일화에 따르면 그는 가장 가난한 자의 목록을 작성한 후 일주일에 두 번씩 모이게 한 후 빵을 제공했다고 한다. 노인에 대한 언급은 다음과 같다. "일요일에는 노인들을 위해 가장 하얀 빵과 지방이 있는 수프, 그리고 가끔 포도주를 제공한다."

이처럼 신체적으로 허약한 노인을 배려한 흔적이 있긴 하지만 여전히 노인만을 위한 자선은 쉽게 찾아볼 수 없다. '병든 빈민', '과부', '캥즈-뱅'에 대한 자선으로 이를 짐작할 뿐이다. 예를 들어 1578년 11월 3일에 망스(Mans)의 성직자였던 마랭 샤르티에(Marin Chartier)는 파리의 시립 병원과 캥즈-뱅에 각각 10솔을 주라고 유언했으며, 1582년 5월 21일에 베즐레(Vézelay) 생트 마리 마들렌느(Sainte Marie Magdeleine) 교회의 성직자이지 참사위원이었던 장 드 자리주(Jehan de Jarrige) 역시 파리의 시립 병원과 캥즈-뱅에 각각 40솔을 유증으로 남겼다. 하지만 16세기까지 노인을 지목하면서 유증을 하는 경우는 쉽게 찾을 수 없다. 아마도 이는 노인이 아직까지도 '병든 빈민'이라는 범주에 포함되어 있었기 때문일 것이다.

3. 노인 병원의 등장

17세기에 들어와 노인에 대한 배려는 이전 세기보다 더 자주 나타났다.

물론 자선기구가 그 활동을 통해서 실제로 노인들의 수명을 얼마나 연장시켰는지는 확실하게 알 수 없다. 하지만 17세기를 거치면서 점차 노인에 대한 특별한 조치를 고려하는 병원이 늘기 시작했던 것은 분명해 보인다. 렝스에서는 1630년대부터 남녀의 성을 구분하여 노인을 받아들였으며, 1657년에는 노인들만을 위한 병원이 창설되었다. 릴에서는 1624년에 늙은 남성을 위한 생-샤를 보로메(Saint-Charles Borromée) 병원이 창설되어 약 20여 명의 노인을 받아들였다. 그리고 1671년에는 생-조셉(Saint-Joseph) 병원이 불치의 남성 노인을 수용했다.

1634년에 파리에 세워진 앵큐라블(Incurables) 역시 불치의 병으로 20년 이상 고생하던 노인들을 수용했다. 동시에 돈을 내고 그곳에서 생활하고 싶어 하는 노인들을 위한 호스피스로서의 기능도 이 병원은 가지고 있었다. 예를 들면 파리 최고재판소 판사였던 자크 르 브레(Jacques Le Bret)의 미망인이자 앵큐라블의 후원자였던 마르게리트 루이에(Marguerite Rouillé)는 두 명의 하인과 함께 이곳에 머물렀고 해마다 1,200리브르를 병원에 지불했다.

유언장에서 '노인'이라는 단어가 명확히 나오는 것은 17세기 중엽부터이다. 1645년에 성사회 회원이었던 토마 르고프르(Thomas Legaufre)는 우선 앵큐라블 병원을 언급하면서 10,000리브르를 남긴다. 그리고 스키피온 병원에 100리브르를 남긴다고 말하면서 이것이 노인들을 위해서라고 명시한다. 유언장에 '노인'(veilliard)이라는 단어가 나타난 드문 사례이다.

노인에 대한 배려는 특히 국가가 상이군인에 대한 처우를 고민하는 과정에서 발전했다. 특히 노병들에 대한 연금 지급은 오랜 역사를 가지고 있었다.[2] 1558년 블레즈 드 몽릭(Blaise de Montluc)은 앙리 2세에게 전쟁으로 부상당한 가난한 군인들을 위한 거처를 마련해달라고 요구했다. 이후 앙리 3세는 불구가 된 군인들에게 부조를 제공하기로 했지만 부조를 받으려면 부상이 심각해야 했으며, 나이가 많아 복무하는 것이 쉽지 않아야 한다는 조건이 있었다. 물론 복무기간도 선정 과정에서 중요했다. 1670년에 앵발리드(Invalides)가 창설될 때 상이군인들이 최우선적으로 그 대상이 되었지만 오랫동안 국가에 헌신하고 나이가 많아 더 이상 복무할 수 없는 군인들도 그 대상이 되었다. 상이군인을 위한 기구의 설립과 발전은 장차 군인 연금의 탄생과 정비로 이어졌다.

아미앵(Amiens)에서는 많은 빈민이 생 샤를(Saint Charles) 병원에 수용되었는데 특히 나이든 과부들이 많았다. 이 기관은 1640년에 세워졌으며, 1667년에는 빈민국과 통합하여 종합 병원이 되었다. 이곳은 적어도 2년 이상 아미앵에 거주한 빈민을 대상으로 했다. 생-자크, 생 루, 생 피르맹 교구에 특히 빈민이 많았다. 수용자의 절반 정도가 성인들이었고 나머지가 아동과 소녀들이었다. 성인 여성 중 절반 이상은 늙은 과부였는데, 그 중 4분의 3이 70세 이상이었다. 이는 디종(Dijon)과 블루아(Blois)에서 관찰된 비율과 거의 유사하다. 이들은 일을 할 수 없는 상태였고 고독과 노쇠로 인해

2) 노인과 노병은 다를 수 있다. 노병은 오랜 경력을 지닌 군인을 지칭할 수 있기 때문이다. 따라서 여기에서 말하는 노병은 절대적인 나이가 아니라 군인으로서의 상대적 나이를 가리킨다고 할 수 있다. 다만 당시 노인에 대한 명확한 기준이 없는 상황에서 '늙었다'는 기준은 직업과 신분에 따라 상이하게 나타난다. 마치 현재 30대의 운동선수에 대해서 늙었다는 표현을 쓰는 것과 같다고 보면 된다.

이곳에 온 사람들이었다.

III. 18세기의 사회 변화

1. 노인의 증가

평균 수명이 지금보다 낮았던 사회에서 노인으로 취급되는 연령은 지금보다 낮았다. 1758년에 리옴(Riom) 납세구에 대한 조사를 보면 상이 군인이었던 55세의 알렉시스 리고(Alexis Rigaud)는 그의 노쇠함으로 인해 정부의 지원을 받을 수 있었다. 또한 1781년에 라 로셸의 43세의 마르시알 그라네(Martial Granet)는 빈민 구호소에서 늙었다는 이유로 부조를 받을 수 있었다. 당시는 사람들이 실제의 나이보다 노쇠의 외면적 특징에 더 결정적 중요성을 부과했었다. 정확하지는 않지만 구호소에서 질문을 받았던 사람들은 대개 자신의 나이를 50~60세라고 밝혔다.[3)]

이러한 부정확성에도 불구하고 18세기에 노인이 차지하는 비중이 크게 증가한 것은 사실인 것처럼 보인다. 예를 들어 제네바에서 18세기 초와 말 사이에 65세 노인들이 80번째 생일을 맞을 때까지 생존할 가능성은 1,000명

3) Jean-Pierre Bois, "Le vieillard dans la France moderne, XVIIème-XVIIIème siècles. Essai de problématique pour une histoire de la vieillesse," *Histoire, énonomie et société*, 3e année, no 1, (1984), p. 69.

당 142명에서 223명으로 증가했다. 1850년 무렵부터 평균 수명은 28세에서 34세로 늘었다. 스트라스부르(Strasbourg)에서 1789년에 행한 조사에 따르면 60세 이상의 남성 인구가 전체 인구의 7.8%를 차지하고 있었다. 또한 1760년대부터 기대 수명의 증가 역시 놀랄 만하다. 생-기욤(Saint-Guillaume) 교구에서 1세 아이의 기대 수명은 1709~1722년의 33년 6개월에서 1774~1776년에는 36년 3개월로 증가했다.

이러한 변화는 무엇에 기인한 것인가? 여기에는 많은 원인이 있었다. 전쟁의 감소, 의학의 발전, 대규모의 전염병 감소 등이 그 원인이 될 것이다. 하지만 가장 결정적인 원인은 무엇보다도 기후 변화에 있었다. 기후 온난화와 적절한 강수량은 남유럽에서의 옥수수, 북유럽과 중부 유럽의 감자, 그리고 여타의 곡물 수확을 증가시켰다. 기근의 감소는 영양의 개선으로 이어졌다. 18세기에 프랑스의 인구는 600만~700만 명이 증가했으며 혁명 전에는 대략 2,600만 명이었다. 이런 상황에서 노인으로 인정을 받으려면 최소 60세는 되어야 했다. 트레부(Trévoux)의 예수회가 편찬한 사전에 보면 "60세면 늙은 것이고 80세가 되면 노쇠했다고 할 수 있다"는 표현이 나온다. 노인 증가는 이들의 사회적 위치 또한 안정시켰다. 이 시기에 노인은 훌륭한 무엇을 가지고 있으므로 존경을 받아야 한다는 생각이 크게 부각된 것이다. 대략 18세기 하반기에 프랑스는 60세 이상의 사람은 175만 ~185만 명이며 그 중에서 70세 이상은 60만 명, 80세 이상은 10만 명으로 추산된다.

프랑스 국립인구연구소(INED)의 1740~1829년 인구 조사에서도 이런 모습은 확인할 수 있다. 사망률은 1750~1779년 사이에 낮아졌지만 구체제 말까지 여전히 높았다. 이후 1789~1810년 사이에 다시 높아졌으나 1740년의 수준에는 이르지 않았다. 그러나 이러한 사망률 변화가 기대 수명 자체를 뚜렷하게 증가시킨 것은 아니었다. 아래 표에서 확인할 수 있듯이 통계 상 기대 수명의 증가는 19세기나 되서야 뚜렷하게 나타났기 때문이다. 그럼에도 불구하고 1770년대부터 노령화 현상이 나타난 것은 확실하다. 특히 여성 인구에서의 노령화 현상이 뚜렷했다.

<표 1> 각 시기의 40세 기대 수명4)

	1740-1749	1750-1759	1760-1769	1770-1779	1780-1789	1820-1829
남자	22.4	23.9	24.0	25.1	23.2	26.6
여자	22.5	25.1	23.9	25.0	24.2	26.9

이와 같은 노령화 현상이 모든 사람들에게 동일하게 나타난 것은 아니었으며, 지역적으로도 차이가 있었다. 1786년 부르기뇽(Bourguignon)에서의 조사에 따르면 각 바이야주마다 노인의 비중은 5~8.5%로 차이가 있었다. 노인 인구가 많은 편이었던 부르고뉴 북부 지방에 비해 남쪽은 인구의 3분의 1이 15세 미만으로 큰 대조를 보이고 있다.

몇몇 지역 연구자들은 18세기 성직자들의 수명을 조사했다. 브르타뉴(Bretagne)에서는 평균 사망 연령이 55세이거나 그보다 적었다. 1760년부터 평균 사망 연령이 증가하기 시작해 1781~1790년 사이에는 58세 6개월로

4) INED의 조사 결과는 *Population*, "Démographie historique", t. XXX(1975)를 참조하라.

늘었고 그 이후에는 더욱 뚜렷하게 증가했다. 기엔(Guyenne)에서는 평균 사망 연령이 18세기에 65세 정도였다. 평소 평화롭게 살다가 대형 전염병이 돌 때는 시골로 피하는 등의 삶이 그러한 변화에 기여했을 것이다.

특히 남녀 성직자들의 인구 특성에 대해서는 도미니크 디네(Dominique Dinet)의 연구가 큰 도움을 준다. 그는 17세기와 18세기의 부르기뇽의 수도원에서는 성직자들이 상대적으로 세상과 유리되어 있고 의사들을 자주 찾았으며, 수습 수도사 선발 과정의 특수성 덕택에 상당 부분 전염병으로 인한 사망에서 벗어날 수 있었다고 설명했다. 이들의 사망률은 1720년경에 큰 변화를 겪었다. 1720년까지 사망 연령은 대략 60세 전이었으나 여성들이 더욱 오랜 수명을 누리는 특성을 보였다. 1720년 이후에는 이러한 남녀간 차이가 거의 사라졌고 40세 이전의 사망도 크게 줄었다.

<표 2> 사망자 연령 구성의 변화 (17세기와 18세기)[5]

17세기 중반~1719년		
	남성 성직자	여성 성직자
20세 미만	0	2(1.7%)
20-39세	21(22.8%)	25(20.8%)
40-59세	40(43.5%)	35(29.2%)
60세 이상	31(33.7%)	58(48.3%)

5) Dominique Dinet, "Mourir en religion aux XVIIe et XVIIIe siècles. la mort dans quelques couvents des diocèses d'Auxerre, Langres et Dijon", *Revue historique*, t. CCLIX/I,(1978), pp. 29-54.

1720년~1790년		
	남성 성직자	여성 성직자
20세 미만	0	3(1.6%)
20-39세	10(7.4%)	24(13.4%)
40-59세	40(29.6%)	40(22.3%)
60세 이상	85(62.9%)	112(62.6%)

18세기 들어 나이에 대한 관심, 특히 노년에 대한 관심은 크게 증가했다. 오트쿠르(Hautecour)의 주임 신부는 자신의 교구에서 일어났던 일을 예로 들었다. "1766년에 조제프 발라르(Joseph Balard)라는 사람이 100년하고도 몇 달을 더 살다가 오트-브레스(Haute-Bresse)의 오트쿠르 교구에서 사망했다. 긴 생애동안 그는 자연스럽게 노쇠해갔다. (중략) 그는 다른 병을 앓아 본 적이 없었으며 언제나 건강했고 청각, 시각, 판단력 모두 좋았다. 그는 또한 매우 검소하게 살았다. 그는 고손주까지 보고 사망했으나 극소수의 브레스 주민들만이 손주를 볼 뿐이다." 18세기에 로몽(C. Romon)이 작성한 도시 걸인에 대한 인구 피라미드를 보면 남성의 30%, 여성의 40%가 50세 이상으로 나타난다. 이 수치는 가난한 노인으로 인정받기 위한 최소한의 나이였다.

2. 노인에 대한 인식 변화

이러한 인구학적 변화를 배경으로 노년의 개념이 18세기에는 확실히 확립되었다고 할 수 있다. 특히 18세기 하반기부터 노인에 대한 새로운 시각이 자리 잡았다. 사람들은 인간을 포함하여 오래된 모든 것에 대한 관심을 가졌고 그 과정에서 인간의 삶과 그 귀결인 죽음에 대한 인식도 변화하게 되었다.

물론 노년이 불행한 삶의 연장이라고 보는 시각도 여전히 존재했다. 하지만 점차 많은 작가들은 노년을 '온화한 죽음'의 시기로 보기 시작했다. 몇몇 기독교적 도덕가들은 1765년 이후부터 '노인들의 평화로운 생애 마감'이라는 주제를 탐구하기 시작했다. 그러나 노년이 온화한 죽음이라는 확고한 근거를 제시한 것은 과학자들이었다. 뷔퐁(Georges-Louis Leclerc, comte de Buffon)은 1749년에 『인간의 자연사』(Histoire naturelle de l'homme)에서 노년기를 신체가 수척해지고 서서히 노쇠해가는 과정으로 묘사했다. 죽음이란 어떤 한 순간에 닥치는 절대적인 것이 아니라 인간이 인지하지 못하는 방식으로 서서히 진행되는 것으로서 인간은 자신이 인지하지 못하지만 죽어가고 있다는 것이다. 이는 노년기의 모든 순간이 죽음을 향해 가기 때문에 어떤 치명적인 마지막 순간이란 없다는 의미이다.

18세기에 '자연스러운 죽음'이라는 인식이 자리 잡으면서 노년에 대한 담론도 새롭게 바뀌었다. 오래 사는 것이 중요한 것이 아니라 죽음에 이를 때까지 활동적인 삶을 사는 것이 중요하다는 시각이 대두한 것이다. 뷔퐁은 인간의 수명을 90세, 100세까지 연장할 수 있다는 주장에는 신중한 입장을 보였으며, 특히 신체를 잘 관리함으로써 수명을 크게 늘릴 수 있다는 생각에는 반대했다. 그 대신 그는 인간은 자신의 생의 마지막까지 열정적으로 살아야 한다고 보았다. 그에게 있어 쾌락은 모든 연령대에서 가능한 것이었다.

노인이 가지는 양육이라는 사회적 가치 역시 주목해야 한다. 예를 들어

루이 15세나 루이 16세 시대의 회고록에서 할아버지와 할머니가 새롭게 등장하게 된 것은 주목할 만하다. 틀림없이 18세기 사람들은 많은 경우 조부모를 갖지 못했을 것이다. 이브 카스탕(Yves Castan)은 18세기의 랑그독에 대한 설명에서 "조부모가 손주를 볼 때까지 생존한 경우는 매우 드물다"고 토로했다. 그러나 당시 회고록을 남긴 몇몇 사람들은 조부모가 그들의 교육에 관여했음을 기록했다. 마담 죠프랭(Madame Geoffrin)은 자신을 키워준 조모에 대해 "교육을 받지는 않았지만 명민한 사람이었다"고 말했으며, 1718년에 출생한 장-피에르 그로슬리(Jean-Pierre Grosley) 역시 "조모가 자신을 양육했다"고 회고했다.

조부모에 대한 기억은 매우 긍정적인 것이었다. 태어나서 4년을 유모에 의해 키워지다가 증조모의 집에 보내진 샤를-모리스 드 탈레랑-페리고르(Charles-Maurice de Talleyrand-Périgord)는 그의 회상록에서 "증조모는 우리 가족 중에서 나에게 사랑을 베풀어준 첫 번째 사람이었다"고 회고했다. 1767년에 출생한 에티엔-드니 파스키에(Etienne-Denis Pasquier) 역시 휴가를 그의 조부와 보내고 난 후에 "조부가 특별한 관심을 가지고 나의 교육을 살펴주었다"고 기록했다.

노인들에 대한 기억을 넘어 노인에 대한 이미지도 문학에서 근본적으로 변하였다. 빈번하게 다루어진 주제들이 노인들의 현명함과 풍부한 경험이었다. 노인들의 현명함은 죽어가는 노인들에 대한 묘사에서 확인할 수 있다. 이제 노인들은 침대에서 고통스러워하면서 구원을 말하기보다는 자녀세대가 져야할 책임들에 대해 이야기하는 현자로 인식되었다. 『캉디드』(Candide)나 『나의 아버지의 삶』(La vie de mon père)에서 노인은 영웅들의 교육자로서 중요한 역할을 담당했다. 노인은 지성과 덕성을 이룬 사람들이었다. 소설들은 노인들의 이러한 특성을 강조함으로써 노년의 장점을 부각시켰다.

문학 작품들은 가족 관계를 긍정적으로 묘사하였으며 더 이상 우스꽝스러운 노인은 등장하지 않았다. 1700년에서 1789년 사이에 수많은 희곡들이 노인을 등장시켰지만 특히 1800년대 하반기에 더욱 그러했다. 이 희곡들에서는 종종 노인들이 젊은 여성과 결혼하는 장면이 나오는데 이제 더 이상 다른 등장인물들의 냉소나 분노를 야기하는 것으로 묘사하지 않았다. 조롱하기를 일삼는 몰리에르 희곡과는 달랐던 것이다. 1745년에 필립 네리코-데스투슈(Philippe Néricault-Destouches)의 『사랑스런 노인의 장면』(Scènes de l'aimable vieillard)은 젊은 아내에게 사랑받는 늙은 남편을 등장시켰다. 회화의 경우 18세기 전반기에는 노인을 묘사한 사례가 거의 없지만 하반기가 되면 많은 화가들이 노인을 그렸으며 전달하는 메시지도 "노인을 공경하라"로 뚜렷해졌다. 1752~1753년에 그뢰즈(Greuze)가 그린 <성경을 설명해주는 아버지>가 이러한 주제를 유행시켰다. 그 이후 다른 어떤 주제보다 자선과 가족의 덕목에 대한 찬양이 다루어졌다. 이 시기에 계몽 철학자들은 질서와 덕을 보장하는 '노인-사려깊음'을 고양시켰다. 노인들은 그들이 가진 사회적 유용성 덕분에 존경받아야 했다.

IV. 18세기의 노인 부조 정책

1. 병원에서의 노년

18세기를 지나면서 노인을 위한 병원의 기능은 확대된다. 병원 기록은 병원의 구호를 받은 불쌍한 노인들의 사례를 보여준다. 1742년 빅-엉-비고르(Vic-en-Bigorre)의 병원 기록을 보면 장 푸르캬드(Jean Fourcade)라는 사람이 나이가 들고 병을 얻어 더 이상 생활을 유지할 수 없게 되자 병원은 그의 생계를 돕기 위해 매달 3리브르의 구호를 베푼다. 1744년 8월 19일에 그는 더 이상 구걸을 하지 않겠다는 약속을 하고 그의 부인과 함께 병원에 들어간다.

실제로 병원 구호의 대상이 된 사람들 중에 노인이 차지하는 비중은 매우 높았다. 1778년에 아미앵의 행정관(échevins)은 걸인들에게 시청에 등록할 것을 요청했다. 548명의 남녀 걸인들이 등록했는데 60세 이상인 사람이 62.76%였다. 블루아에서 1707~1813년까지 종합병원에 들어온 2,455명에 대한 조사를 보면 60세 이상의 노인의 수는 적어도 35%를 차지했다. 이것은 나이가 알려진 성인들의 73%를 차지하는 수치였다. 1770년에 리옹의 자선 병원에 체포되어 수감된 걸인들의 나이를 보면 60~80세가 가장 많은 비중을 차지했다. 이것은 그리 놀랄 일이 아니다. 노쇠로 인해 가난해진 노동자들은 자연스럽게 병원에서 거처 장소를 찾았던 것이다.

또한 구체제 말기의 병원은 더욱 더 입원한 노인들에 대해 주의를 기울였다. 큰 기관의 경우에는 노인이라는 이유로 병원에 들어갈 수 있는 최소

나이가 정해졌다. 60세나 70세 이상이어야 했는데 이 나이가 되어도 병원에 들어가는 것이 쉬웠던 것은 아니었다. 한 예로 1756년에 몇몇 파리 시민들은 86세가 되어서야 프티트 메종에 들어갈 수 있었다. 같은 도시라고 해도 박애 병원(Maison Philanthropique)의 경우에는 80세 이상의 노동자만이 들어갈 수 있었다. 18세기에 클레르몽-드-롸즈(Clermont-de-l'Oise)에서는 적어도 65세가 되어야 노인으로 취급받을 수 있었으며, 리용의 자선 병원은 70세가 되어야 들어갈 수 있었다.

물론 이러한 조건만이 있었던 것은 아니다. 또 다른 중요한 것으로는 도시에 얼마나 오래 살았는지, 결혼은 했는지, 자식은 있는지 등이 고려의 요소가 되었다. 대개는 적어도 10년은 그 도시에서 살아야 수용 자격을 얻을 수 있었다. 물론 일정 액수의 돈을 내고 들어가는 경우도 있었다. 18세기 디종에서는 10명 중 1명이 이런 식으로 병원에 들어갔다. 특히 여성의 경우에 그 비율(노인 3명 중의 2명)이 높았다. 돈의 액수는 대략 86~1,580리브르까지로 일정치 않았으며 평균적으로는 450리브르를 내야 했다. 남성의 경우는 48~3,000리브르까지 편차가 있었는데 대략 평균적으로는 513리브르였다. 두 성을 모두 평균해보면 약 300리브르 정도였다.

1718년에 구두 제조인의 과부였던 피에르트 피이야(Pierrette Filliat)는 모든 재산을 내놓고 퐁-드-베일(Pont-de-Veyle)의 병원에 들어갔다. 1764년 8월 19일에 몽브리송의 의사였던 샹틀루즈(Chantelouze)는 입원을 위해 자선 병원에 매년 80리브르의 종신 연금을 내놓았다. 블루아의 종합 병원에 입원한 이삭 지라르(Issac Girard)는 1723년 8월 10일에 다음과 같이 썼다.

"병원에 들어간 날은 나에게는 아주 좋은 날이었고 내 인생에게 가장 행복한 날 중의 하나였다."

18세기 디종의 입원 기록을 보면 약 150명의 노인에 대한 기록이 있는데 그 중 약 4분의 3의 직업이 표시되어 있다. 전체적으로 55%가 장인들이었다. 건축이 제일 많고, 다음으로 직물과 피혁 그리고 식료품 순이었다. 나이는 입원 시에 평균적으로 남성의 경우 70세 5개월, 여성의 경우는 72세 3개월이었다. 남성 노인의 69%가 65~79세였으며 여성의 경우는 46%가 70~79세였다. 여성들은 평균적으로 76세 2개월에, 남성은 73세 6개월에 사망했다. 결국 여성들의 체류 기간이 더 길었음을 알 수 있다. 여성들 가운데 68%가 과부였다는 사실을 보면 가족으로부터 떨어져 사는 경우도 많았음을 알 수 있다. 일단 들어온 노인들은 거의 병원을 떠나지 않았으며, 병원도 문제를 일으키지 않는 한 쫓아내지 않았다. 고향으로 돌아가고 싶다거나, 암스테르담에 있는 아들을 만나러 가야 한다는 몇몇 드문 사례들만이 있었다. 사망률은 들어온 지 한 달 안에 사망하는 비율이 남성의 경우는 10%, 여성의 경우는 23%였다(여성의 37%, 남성의 32%가 1년 안에 사망했다). 병원에서 제대로 치료가 이루어지지 않았음을 짐작할 수 있다.

큰 병원들은 몇몇 방들을 요양원으로 변형시켰다. 이것은 호스피스로의 길을 보여주는 징표라 할 수 있다. 17세기 초에 한 농부는 토네르(Tonnerre) 병원을 방문하고 기록을 남겼다. 여기에 따르면 커다란 방에 30~40명의 노인들을 보았고 잘 대우받고 있었다고 한다. 리옹의 자선 병원 역시 노인들을 위한 특별 시설이 있었는데, 이는 노인들의 수가 늘어났기 때문이었다. 1622년에는 입원하는 연령이 60세 이상이었지만 1716년부터 여러 가지 방식으로 입원하는 노인의 수를 통제했다. 예를 들어 세례 증명서 제출, 죄에 대한 신앙 고백 등이 있어야 했고 연령도 70세(불구의 경우에는 60세)로 높아졌다. 또한 리옹에서 태어났거나 적어도 10년 이상 산 사람들에게로 제한 조치가 가해졌다. 실제로 입원하는 노인들의 연령이 18세기를 통해 점차 높아졌음을 다음의 표를 통해 확인할 수 있다. 1760년부터는 70세 미만의 수는 거의 사라졌다.

<표 3>: 리용 자선 병원에 입원한 사람들의 연령 분포[6)]

	60~64세	65~69세	70~74세	75~79세	80세 이상	90세 이상	100세 이상
1700년	44.6%	27.3%	19.2%	5%	3.9%	2%	
1710년	32.4%	23.2%	28.9%	9.2%	6.3%	1%	
1720년	3.4%	31.7%	40.9%	16.9%	7.1%	2%	
1730년	9.9%	20.2%	46.2%	15.1%	8.6%	2%	
1740년	16%	20.9%	40.3%	12.1%	10.7%		
1750년	11.1%	20.6%	40.7%	20.6%	7%		1%
1760년	0%	0.6%	68.9%	22.7%	6.8%	1%	
1770년	0%	0%	75.4%	12.3%	12.3%		
1780년	1%	1%	59.4%	31.1%	7.5%		

이런 상황에서 조금이라도 규모가 큰 병원 안에는 노인들을 위한 호스피스가 설치되기 시작했다. 18세기에 들어서야 이제 노인 요양원으로서의 모습이 나타난 것이다.

6) Jean-Pierre Gutton, *Naissance du vieillard*(Breteuil-sur-Iton, 1988), p. 108.

18세기 하반기에 아미앵의 병원 양상은 이를 잘 보여준다. 당시 남성 수용자와 여성 수용자의 비율은 대략 6대 4정도였다. 여성 수용자 가운데 대략 14%정도가 과부였던 것으로 추산되는데 중요한 것은 이들 대부분이 병원을 일시적 거취 장소로 이용했다는 것이다. 과부 중 절반은 60세 이상이었으며 그 중 4분의 3정도가 병원에 상대적으로 짧게 머물면서 자주 들어왔다 나갔다 했다. 이것은 법령집에 나타난 감옥의 이미지와는 달리 병원이 점차 노인을 위한 호스피스 기관으로 변해가는 과정을 암시한다. 아미앵의 생 샤를 병원은 18세기 후반이 되면 70세 이상의 노인만 받아들이는 전형적인 호스피스로서 기능하게 된다.

2. 여성 노인 병원: 살페트리에르의 사례

18세기 말 파리에서 50세 이상의 독신 여성은 대략 12%로 추산된다. 이들 중 부유한 과부도 있었겠지만 취약 계층의 경우에는 남편이 죽으면 구걸을 할 수밖에 없었다. 살페트리에르는 종합 병원 가운데 규모가 가장 컸으며 주로 이런 여성들을 수용했다.[7] 1666년에 2,300명의 빈민 여성들이

7) 파리의 종합 병원은 5개의 병원으로 이루어져 있다. 우선 행정 사무국이 있던 연민 병원(Pitié)은 주로 어린 소녀들과 아동들을 수용했다. 1663년에 그곳에는 1,300명이 있었는데 그 중 236명이 침상에 누운 환자였고 687명이 노동을 했으며 351명의 소녀와 120명의 소년이 교육을 받았다. 둘째로, 살페트리에르(Salpêtrière)는 여성들만을 수용했다. 이 병원은 463개의 침대를 가지고 있었고 628명의 사람들 수용했다. 이후에는 추가 건물들과 창녀를 위한 교정의 집도 건설되었다. 1666년에 2,300명의 빈민 여성들이 수감되었고 1679년에는 거의 4,000명에 육박했다. 상이군인을 위한 보호소였던 비세트르(Bicêtre)는 1,000-1,400명의 빈민 남성을 수용했다. 사보너리(Savonnerie)는 학교에 갈 나이가 된 소년들을 위한 곳이었고 스키피온(Maison Scipion)은 임산부와 신생아를 위한 곳이었다. Bronislaw Geremek, *La Potence ou la Pitié*(Paris, 1987), p. 284.

수감되었고, 1679년에는 거의 4,000명에 육박했다. 18세기 말이 되면 그 수는 더욱 늘어 약 7,000명 정도를 수용하고 있었던 것으로 추산된다. 1793년부터 수용 인구가 너무 많아지자 방탕한 여성들을 생-라자르(Saint-Lazare) 감옥으로 옮겼으며 이때부터 점차 노인 여성을 위한 요양원으로 그 모습이 바뀌게 된다.[8)]

이것이 가능했던 것은 프랑스 혁명 이후 빈민 부조를 두 형태로 이분화하자는 제안이 힘을 얻었기 때문이다. 두 형태란 구호 사무소를 통해 가가호호 원조하는 것과 70세 이상의 노인들과 의료 증명서가 보증한 환자들을 위한 호스피스였다. 특히 후자에 관해서는 지방 행정 구역상 도(département)와 10만 명 이상의 주민이 있는 도시는 적어도 하나 이상의 호스피스를 설치하는 규정이 만들어졌다. 이 시설에 들어간 사람들은 부조에 대한 보상으로 자신의 능력에 따라 일해야 했으며 종종 그들의 노동으로 만들어진 상품의 일부를 내놓아야 했다. 물론 그들은 은거할 장소를 정확히 알린 후에 호스피스를 떠날 자유가 있었다.

살페트리에르는 차츰 여성 노인을 위한 병원으로 재조직되었다. 병원은 수용된 여성들의 나이와 상태에 따라 이들을 재배치했다. 일부 과부들은 특별한 일, 즉 바느질을 지도하거나, 교회의 장식물 완성을 위해 병원에 들어갔다. 이곳에서 몸이 아주 불편하거나 70대인 사람 혹은 치매에 걸린 사

8) 살페트리에르는 과거에 감옥이었기 때문에 이런 나쁜 명성을 없애기 위해 명칭을 변경하였다. 18세기 말부터 시작해서 '여성 국립 병원'에서 '요양원'으로 그리고 '여성 요양원'으로 이름이 바뀐다.

람은 함께 머물렀다. 또한 간질병 환자와 광인들을 위해 일반 의무실도 설치되었다.

혁명 이후에는 수용 신청자가 너무 많았기 때문에 병원은 수용자들을 엄격한 방식으로 선발해야 했다. 이를 위해서 희망자는 우선 빈민 대장에 등록되어 있어야 했고 행실이 좋다는 증명서를 제출해야 했으며 파리나 센도에 살면서 적어도 70세 이상이거나 심각한 장애를 안고 있어야 했다. 그러나 70세라는 나이 제한이 엄격하게 적용된 것은 아니었다. 사실 70세라는 기준은 취약 계층에게 있어서는 너무 높은 기준이었다. 이들은 실제로 70세가 되기 이전에 타인의 도움이 없이는 살아갈 수 없는 상태가 되었기 때문이다. 홀로된 여성들의 상황은 더욱 절박했다. 그로 인해 살페트리에르는 점차 50세 이상의 여성들을 수용하는 곳으로 변해 갔고, 이들은 1800년대 초가 되면 수용인의 60% 이상을 차지했다. 살페트리에르는 이후 빈곤하고 홀로된 여성 노인들을 위한 요양처가 되었다. 빈민들 이외에도 비용을 지불하며 거주하는 기숙생도 있었는데 이들은 전체 수용인의 약 3%를 차지했다. 이들이 지불하는 거주 비용은 100~300리브르로 다양했는데 이들은 들어올 때 일시불로 돈을 내야했다.

독신 여성과 남편을 잃은 과부가 수용자들의 대부분을 차지했지만 남편이 빈곤하거나 장애가 있는 경우도 25.5% 정도를 차지했다. 60세였던 엘리자베스 테베니(Elisabeth Théveny)는 장애와 마비로 거동이 불편해서 이곳에 들어왔다. 마찬가지로 장애가 있던 그의 남편은 앵발리드에 수용되었다. 과부였던 마리 주느비에브 트와네트 뷔이송(Marie Geneviève Toinette Buisson)은 69세였는데 왼쪽 눈의 시력을 상실했고 오른 쪽 눈도 좋지 않았다. 또한 류머티즘으로 일하기도 힘든 상태였기 때문에 이 병원에 들어왔다. 카트린 앙투아네트 브뤼이에르(Catherine Antoinette Bruière)는 77세였는데 24년간 남편에 의해 버림받았고 친족도 없었다. 또한 장애로 인해 일을 할 수도 없었다. 그녀는 병원에 들어오기 전 "나의 삶은 고통과 괴로움뿐이다"라고 토로했다.

살페트리에르에 들어오겠다는 결정은 가족이나 지인들과의 유대가 모두 끊겼을 때 내려졌다. 이곳에 신청을 한 과부 중 4분의 1은 자녀가 있었다. 하지만 그들은 너무 어리거나 병들었으며 군대를 가느라 부양 능력이 없었다. 거의 장님이었던 루이즈 퐁텐느(Louise Fontaine)는 류머티즘과 탈장으로 고생했는데 남편이 사망하자 갈 곳이 없어졌다. 남편은 음악가로서 한 손이 불구이고 두 다리가 마비된 사람이었다. 그녀는 남편을 따라 호스피스 데 메나주(hospice des Menages)에 따라 들어갔지만 남편이 죽자 살페트리에로 옮겨줄 것을 요청했다.

물론 가족이나 지인들의 도움이 있지만 상황이 너무 심각해서 도움이 충분하지 않을 때도 살페트리에르에 수용될 수 있었다. 가족이 없는 많은 여성들이 이웃이나 그녀의 집주인 혹은 사제의 도움을 받았다. 66세의 과부 마리-안 망생(Marie-Anne Mansin)은 시력이 약하고 몸을 움직이기 어려워 수용될 것을 요청했는데, 이 때 그녀의 집주인은 그녀가 언제나 예절 바르고 정직했으나 더 이상 혼자 살기 어렵다는 내용을 담은 편지를 함께 제출해 주었다.

그러나 가장 중요한 수용 결정 요인은 역시 가난인 것으로 보인다. 신청자들의 대부분은 자선국에 등록되어 있었고 살페트리에르에의 수용 신청은

최후의 방책이었다. 빈곤에 질병이나 장애가 추가되면 더욱 확실하게 수용될 수 있었다. 거의 대부분의 신청서들이 장애를 신청 요인으로 기록하고 있었고 여기에 질병이 추가되면 수용될 가능성은 더 높아졌다.

이곳에서의 삶을 보면 각 수용자는 개인용 침대, 식기(접시 한 개, 공기 한 개, 단지 한 개), 그리고 밤에 사용할 수 있는 타구(唾具), 소변기를 소유했다. 침대보와 베갯잇은 겨울에는 한 달에 한 번씩, 여름에는 두 번씩 교환되었다. 여성들은 입소할 때 옷 한 벌을 받았다. 1802년 9월 17일 법령은 일상의 삶을 규정하고 있다. 여름에는 6시에 일어나야 하고 9시에 잠들었으며, 겨울에는 7시에 일어나고 8시에 잠들었다. 몸이 성한 여성들은 잠자리를 정리해야 했고 구내식당의 주방 일을 담당했다. 사람들은 공동 침실에서 생활했다. 몸이 성한 수용자들은 이곳에서의 거주 비용을 대기 위해 일해야만 했다. 여성들은 의복을 만드는 작업장에서 일하는 것이 보통이었다. 물론 노동은 그러나 단순히 거주 비용으로서의 의미만을 지닌 것은 아니었다. 이를 통해 병원은 질서를 유지하고 빈민들로 하여금 스스로 필수품을 생산하게 하려는 의도를 지니고 있었다.

18세기는 자선에 대한 강조와 함께 질서, 노동, 종교의 원칙이 충실히 지켜졌다. 타인에 대한 도움은 기독교인으로서의 행동 규범이었으며, 신에 대한 사랑 그리고 자연과 이성이 명령하는 행위이기도 했다. 이러한 태도를 살페트리에르는 여성 수용자들에게 요구하고 있었던 것이다.

V. 결론

노년에 대한 중세의 이중적 태도는 마치 빈민에 대한 중세의 태도, 즉 예수의 이미지와 게으른 존재의 이미지라는 양분된 모습을 연상시킨다. 노인에 대한 현명한 존재 혹은 추악한 존재라는 이미지 역시 이와 크게 다르지 않았다고 할 수 있다. 그러나 빈민에 대한 부조 기관이 존재했던 것과 달리 노인에 대한 특별한 자선은 근대 초에도 그 모습이 명확히 드러나지 않았다. 16세기와 17세기 초만 하더라도 노인의 빈곤, 노인의 어려운 상황에 대한 사회적 고민의 모습은 사료에서 쉽게 찾아 볼 수 없다. 자선 기관의 문서들을 보면 노인은 그저 '병든 빈민'의 범주에 포함되었으며, 특별히 이들만을 위한 사회적 배려는 눈에 띄지 않았다. 프랑스 사회에서 이러한 모습에 변화가 나타나기 시작한 것은 17세기 중엽을 지나면서부터였다. 여러 병원에서 노인들을 위한 공간을 확보하려는 시도를 하기 시작했던 것이다. 그 원인은 다른 무엇보다도 빈민의 범주에서 노인이 차지하는 비율이 높아졌기 때문이다. 그로 인해 노인들의 수가 그만큼 병원에서 증가한 것이다. 결국 "70세의 나이거나 불구인 경우에는 60세"라는 입원 규정들이 많은 병원에서 만들어졌는데 이는 근대 사회가 빈곤 문제에서도 특히 노인의 가난을 주목하기 시작했다는 것을 의미한다. 그러나 노인들을 위한 공간이 늘어났을 뿐 그들의 요구를 충족시켜 주는 특별한 시설이 마련된 것은 아니며 노인들에 대한 부정적 인식도 여전히 강하게 존재하고 있었다.

18세기가 되어서 이러한 상황에 의미 있는 변화가 나타나게 되었다. 무엇보다 '노인=현명한 존재'라는 인식이 당시 사회에 널리 퍼지게 되었고, 동시에 병원 역시 호스피스로서의 기능을 맡게 되는 등 노인을 배려하는 시설이 주요한 자리를 잡게 되었다. 병원은 국가의 지원 아래 빈민 수용소의 역할에서 점차 벗어나게 되었으며, 이후 노인들의 삶의 질을 보장해주는 책임을 맡게 되었다. 더 나아가 병원은 노인들의 건강과 함께 그들이 겪었던 고독감과 우울증을 치료하기 위한 심리적 방향으로도 그 관심 영역을 넓혀 나갔다. 이 모든 것은 노인이 사회의 주요한 계층이며, 이들의 지혜가 사회에 매우 유용하다는 사회적 공감대가 형성되었기 때문이다. 당시 프랑스는 노인 계층의 증가라는 새로운 현상에 대한 해결책을 마련해야만 하는 상황이었다. 그리고 다행히 노인에 대한 긍정적 인식이 노인 복지 시설의 확대를 뒷받침함으로써 노인 계층의 급증이라는 새로운 문제에 대해 해결책을 모색할 수 있었던 것이다.

박승억

세컨드 라이프?

첨단 기술 시대에 노년을 다시 생각해야 할 이유

1. 노년이 된다는 것은

'대낮에는 꾸벅꾸벅 졸음이 오고 밤에는 잠이 오지 않으며, 곡할 때는 눈물이 없고 웃을 때는 눈물이 흐르며, 30년 전 일은 기억이 나도 방금 전의 일은 기억이 나 질 않고, 고기를 먹으면 뱃속에 들어가는 것 없이 죄다 잇속에 끼고, 흰 얼굴은 검어지고 검은 머리는 희어지니 서글퍼지지 않을 수 없다.' 조선시대의 실학자 성호 이익이 노년을 묘사한 것이다. 노년이라는 말은 언제나 그렇게 우울하게 들린다.

어떤 흥미로운 분석에 따르면 작가들이 노년의 삶에 대해 글을 쓰기 시작하는 것은 그 작가들 스스로가 나이가 들어 노년에 가까워질 때라고 한다. 체험을 중시하는 작가들에게는 당연한 일인지도 모른다. 게다가 젊은 나이일 때는 노년에 들어서 겪게 될 변화를 알기도 어려운 일이고 무엇보다 관심 자체가 가지 않는다. 만약 젊은 작가가 노년의 문제를 다룬 작품을 쓴다면, 그에게는 제법 특별한 경험이 있었던 탓일 것이다.

미국에서 2010년에 있었던 한 조사에 따르면, 30대 초반의 사람들은 대체로 노년이 60세부터 시작한다고 생각한 반면, 65세 이상의 사람들은 평균 74세를 노년의 기점으로 보았다. 노년의 시작과 관련된 또 다른 조사는 유럽 사람들이 언제부터 노년이 시작된다고 믿는지를 보여준다. 영국의 25세 미만의 젊은 사람들은 54세를 노년의 기점으로 본 반면 80세 이상의 사람들은 68세부터 노년이 시작된다고 보았다. 나이가 어릴수록 노년의 시작을 일찌감치 잡아버린다. 그들에게 노년은 어차피 먼 일이다. 반면 자타가 인정하는 노년의 사람들은 비로소 찬찬히 언제부터를 노년으로 보아야 할지를 계산하게 된다. 젊은 세대에게 노년은 관념의 문제지만, 노년에게 노년은 현실이기 때문이다. 그렇다면 언제부터 노년의 시작이라고 말해야 할까?

통상 선진국이라고 부르는 나라들에서는 60세에서 65세 사이에 직장에서 은퇴를 하고 사회적으로 노년으로 간주되기 시작한다. 우리나라의 사정도 비슷하다. 그러나 이렇게 획일화된 사회적 기준은 말 그대로 사회적 기준일 뿐이다. 70세에 이르러서도 자신의 직업을 가지고 있고, 자신만의 삶을 위해 시간과 돈을 들여가며 즐겁게 사는데도 노년이라고 해야 할까? 전 세계적으로 유례가 없이 빠르게 고령 사회가 되어가고 있는 한국 사회에서도 사회적 노년층의 일자리 문제는 심각하다. 그 이야기는 우리가 노년이라고 보아야 할 시점이 얼마나 유동적인지를 보여준다. 하지만 아무리 관점의 차이에 따라 노년을 기산하는 시점이 달라진다고 해도 변하지 않는 것이 있을 것만 같다.

조경란의 단편, 《기도에 가까운》에는 주인공 미호가 겪은 세 명의 노년에 관한 이야기가 나온다. 치매를 앓고 죽음을 기다리는 어머니, 그런 어머니를 요양원에 모시기 전에 그 집 아래 반지하에 세를 들인 또 한 명의 노인, 그리고 우연한 기회에 알게 된 부유하고 사회적으로도 저명하지만 외로운 또 다른 노인. 이야기는 이 세 명의 노인과 그들의 삶과 어떻게든 뒤엉켜 살아가고 있는 한 관찰자의 시점에서 진행된다.

이야기의 시작은 이렇다. "최근 몇 년 동안 미호는 옆에 노인들밖에 없는 기분이었다. 노인들이라고 해야 세 사람뿐이기는 했지만 그들의 나이를 모두 합하면 이백 살도 넘을 것이다. [...] 세 노인들 중 한 사람은 죽었고, 한 사람에게는 죽음이 다가오고 있는 중이며 다른 한 사람은 미호와 크게 관계가 없는 노인이기는 했다."[1] 죽음이 다가오고 있는 노인은 미호의 어머니이며 죽은 노인은 일주일에 한 번씩 밤 12시부터 새벽 3시까지 이야기를 나눠달라고 고용했던 사회 저명 인사였고, 다른 한 노인은 세입자 할머니다. 외로운 시간을 달래기 위해 미호를 고용했던 노인은 미호와의 이야기 중에 병든 어머니 때문에 울어본 적이 있느냐고 물었다. 미호는 그 자리에

1) 조경란, 《기도에 가까운》, 『뿌리 이야기』(2015 이상문학상 작품집), 문학사상, 2015.

서는 그 노인의 말이 무엇인지 이해하지 못한다. 소설의 말미, 미호는 요양원에 있는 엄마를 찾는다. 더 이상 딸을 알아보지도 못하는 것처럼 보이는 엄마에게 미호는 자신을 고용했던, 하지만 그 사이 세상을 떠난 노인에게서 받게 된 개 이야기를 해 드린다. 그러자 엄마는 뭔가 이야기를 하려고 애를 썼고, 미호는 그것이 그 개 이야기인 줄로만 알았다가 나중에 어머니의 그 어눌한 말이 개가 아니라 '가, 가였다는 것, 엄마는 괜찮다 그러니 가라는 말이었다'는 것을 깨닫고 울음을 터뜨리게 된다.

세상에 존재하는 것치고 시간의 흐름을 거스를 수 있는 것은 없다. 생명의 경우에는 더더욱 시간의 영향력이 절대적이다. 한 사람의 삶이 저물어가는 과정을 옆에서 지켜보아야 하는 관찰자는 그 시간의 힘이 이내 자신에게도 미칠 것을 예감한다. 그런데 자신이 겪어보지 않은 시간을, 그리고 그 시간 속에서 견디며 살아야 하는 삶을 이해하는 것이 과연 가능할까? 소설 속 주인공 미호는 과연 세 노인의 삶을 이해하고 있는 것일까? 관찰자의 시선에서 바라보는 노년의 삶과 스스로 노년이 되어 자신의 삶을 이해하는 방식은 다를 것이 틀림없다. 그것은 자신이 노년인지 아닌지를 스스로 받아들이는 과정에서부터 달라질 것이다.

프랑스의 작가 미셸 우엘벡의 소설, 『지도와 영토』에는 주인공 제드의 아버지가 스스로가 나이가 들었다는 것을 받아들이지 못하는 대목들이 나온다.[2] 건축사로서 평생을 건설 현장에서 씨름하던 아버지는 자신이 노인

2) 미셸 우엘벡(M. Huuellebecq), 『지도와 영토』, 장소미 옮김, 문학동네, 2010.

네가 되어간다는 사실에 적응하지 못했다. 그러나 시간이 지나면서 몸은 노쇠해졌고 마침내 아버지는 스위스로 가서 안락사를 받기로 결정한다. 그리고 자신의 이런 결정을 아들 제드에게 통보한다. 물론 아버지는 고급 요양원에서의 생활을 더 이어갈 수도 있었다. 하지만 아버지가 생을 더 영위하기 위해서는 인공 항문을 교체해야 했고, 그런 육체적 심리적 고통의 과정들이 기업을 운영하며 정력적으로 살았던 사람으로서 받아들이기 힘들었던 탓이다.

두 편의 소설에서 등장하는 노년이라는 말과 가장 밀접하게 닿아 있는 개념들은 병과 죽음이다. 물론 노년의 문제가 그저 탄생으로부터 셈해지는 거리보다 죽음까지의 거리가 가까워졌다는 것만을 의미하지는 않는다. 젊은 나이에 큰 병이 들어 자신의 죽음이 곧 예고되어 있는 사람도 있지만 그렇다고 그를 두고 노년에 접어들었다고 말하지는 않기 때문이다. 결국 정도의 차이가 있기는 하지만 우리가 통념적으로 노년이라고 받아들이는 기준은 나이와 죽음이다. 하나는 일정 수준의 나이를 지나야 하고, 또 다른 하나는 노화로 인한 죽음이 멀지 않아야 한다는 것.

2. 인문학적 사고 실험: 노년의 의미를 의심해보기

인문학적 사유의 한 특성은 자연스러워 보이는 생각들을 의심해 보는 것이다. 너무나 자연스러워서 의심하는 일 자체가 무의미해 보이는 것들이라 할지라도 의심해 보는 과정을 통해 의외의 수확이 생기기도 한다. 너무나 당연하기 때문에 필연적인 것처럼 보이는 것들이 사실은 필연적이지 않다는 것이 드러나고, 그 덕에 전혀 생각해보지 않았던 새로운 의미를 찾아낼 수 있게 되기 때문이다. 철학자 데카르트가 "나는 생각한다. 그러므로 존재한다."라는 인식에 도달하게 된 것도 이런 의심 덕이다. 근대 이후 서양 철학의 기본적인 방향을 정해버린 이 인식은 내 눈 앞에 뻔히 보이는 것들의 존재를 의심해 본 덕이었다. 노년에 대해서도 비슷한 사고 실험을 해 볼 수 있을까?

우선 나이가 많다는 사실부터 생각해보자. 태어난 뒤 시간이 얼마쯤 지나야 나이가 많다고 말할 수 있을까? 대략적인 평균 수명을 가늠해서 그 절반을 지나고 나면 많다고 말해야 할까? 나라마다 보건의료체계 사정이 다르고, 경제발전 상황도 달라서 평균 수명도 다르다. 그렇다면 나이가 많다는 것은 그가 어느 나라에 속해 있는지에 따라 다를 것이다. 많고 적음의 기준은 상대적이기 때문이다. 2014년 기준으로 일본의 경우, 평균 수명이 84세 정도 되는데 반해, 시에라리온은 48세 정도 된다. 우리나라 역시 80세를 넘겼다. 50세 정도라면 시에라리온에서는 노년에 속하지만 우리나라와 일본에서는 노년이 아니라고 말해야 할까? 이런 사정들이 때때로 노년에 대한 우리의 통념에 약간의 균열을 일으킨다. 그럼에도 불구하고 일정 수준의 나이를 지나야 하고 죽음이 멀지 않았다는 노년에 대한 우리의 통념은 달라지지 않는 것처럼 보인다. 다만 그때그때 상황적인 조건에 따라 유동적일 뿐이다.

이렇게 우리의 통념이 변하지 않는다는 것은 노년의 문제를 바라보는 우리의 시각에 뭔가 다른 것이 끼어있기 때문은 아닐까? 다시 말해 그저 나이가 많고 죽음이 멀지 않았다는 것만이 노년을 생각하는 전부는 아니다. 가령 평균 수명이 120세쯤으로 늘어나게 된다면 언제부터 노년이라고 말해야 할까? 첨단 의료 기술의 발전은 인간의 수명을 자꾸 늘려가고 있다. 따라서 노년을 기산하는 시점도 자연스레 늦추어지는 것도 당연한 일인 듯 싶다. 하지만 단순히 오래 산다고 해서 노년이 아닌 것은 아니다. 결국 노년에 들어서는 나이를 이리 당기고 저리 늘리고 하는 것은 어쩌면 그다지 의미 없는 일인지도 모른다. 우리는 노년이라는 말을 통해 뭔가 다른 것을 말하고 싶어 하는지도 모른다. 노년이 언제 시작하느냐에 좌절감 섞인 관심을 갖는 이유는 노년의 시작이 뭔가의 끝을 말하기 때문이다.

노년의 시작은 젊음의 끝을 의미한다. 젊음, 혹은 청춘은 언제나 예찬의 대상이었다. 특히나 노년에 접어드는 사람들에게 젊음은 사라져가는 것의 아쉬움 때문에 또 다른 의미를 가졌기 때문이다. 인류 문명사에서 젊음에 대한 예찬이 없었던 적은 없으나 오늘날처럼 젊음이 강조되었던 적도 드물지 싶다. 온갖 종류의 미디어들을 통해 젊음이 예찬되고 판매되고 있다. 나이가 무색하게 젊음을 유지하는 사람들은 숭배의 대상이 된다. 인체에 대한 지식이 늘어남에 따라 그리고 향장 기술과 의료 기술의 발전에 따라 시간과 돈이 충분하다면 다가오는 노년을 밀어내고 적어도 겉보기에는 젊음을 유지할 수 있는 방법도 늘어나고 있다. 오늘날이 젊음을 숭배하는 유별난 시기이기는 하지만 그렇다고 유일한 세태도 아니다. 유럽의 르네상스기에도 젊음은 숭배의 대상이었고, 노년은 설움과 멸시의 대상이었다.

항간에 나돌아 다니는 농담 중에 구석기인들이 벽화에 남긴 이야기 중에 요즘 젊은 것들은 버릇이 없다는 이야기가 있는데, 르네상스 시기라 해서 예외는 아니다.

> "나는 여러 차례 이 원인을 자문한 끝에 이것이야말로 인간이라면 당연하고 자연스럽게 저지르는 실수라는 결론을 얻게 됐네. 사실 일반적으로 오랜 경험이 쌓인 장년기에는 여러 가지 측면에서 판단력이 제대로 완성되는 시기라네. 그러나 그들은 놀랍게도 그 부분에 관해서만은 도무지 이성을 찾아볼 수 없을 정도로 판단력이 매우 흐려져 있다네. 그들의 주장대로 온 세상이 나날이 악화되고 아들 세대가 아버지 세대보다 못하다면 이 세상은 이미 오래전에 너무 타락해서 더 이상 하락할 곳이 없을 것이라는 사실을 깨닫지 못하더군. 우리는 현재는 물론이고 오랜 과거에서부터 노인들은 공통적으로 이 잘못된 생각을 가지고 있었다는 점을 발견하게 된다네."[3)]

르네상스기의 화가들이나 인문주의자들, 오늘날 인문학 열풍의 원형이라고 할 수 있었던 사람들마저도 젊음을 예찬하고 노년의 시기를 아쉬워하고

3) 발디사레 카스틸리오네(B. Castiglione), 『궁정론』, 신승미 옮김, 북스토리, 2009, 137-138쪽.

노인들을 비아냥거린 것은 예외가 아니다. 그들의 그림과 작품에는 노인들이 마치 마녀나 사악한 고집쟁이들로 묘사되어 있다. 르네상스 시기와 오늘날의 시기에 공통점이 있을까? 있다면 아마도 커다란 변혁의 시기라는 것이다. 르네상스 시기는 우물 안에 갇혀 있던 유럽 세계에 새로운 지식과 새로운 문물이 물 밀 듯이 들어오던 시기였다. 오늘날도 마찬가지다. 첨단 기술 발전이 우리의 매일 매일을 바꾸어 놓고 있다. '상상할 수도 없었던 변화'라는 말이 요즘처럼 상투적으로 쓰이는 시기가 있었을까? 사회 · 문화적으로 급격한 변화의 시기에 유독 노년이 폄훼되는 까닭은 아마도 노년의 지혜가 빠른 변화의 국면에서는 더 이상 유효하지 않기 때문일 것이다.

노년이 존경받는 경우는 대개 사회의 다양한 문제들에 대해 노년의 경험이 도움이 되기 때문이다. 이를 바꾸어 말하면 노년이 서글픈 이유는 단지 젊음을 놓쳐버리기 때문만이 아니라 사회적 효용성도 잃어가고 있기 때문이다. 동양의 문화에서건 서양의 문화에서건 노년의 지혜가 존중받는 시기는 문화적 전통과 더불어 노인의 경험이 문제 해결에 도움이 될 때이다. 반면 빠르게 변화하는 사회 때문에 늘 새로운 문제에 부딪치고 따라서 새로운 지식이 필요할 때 노년은 오직 사회적으로 부양의 의무만을 주는 대상이 되고 만다. 결국 앞서 노년의 시기를 문제시하는 온갖 조사의 이면에는 한 개인 개인이 느끼는 심리적 문제나 질병 의학적 문제들만이 아니라 노년의 사회적 효용성에 대한 문제가 매개되어 있는 셈이다. 노년을 기피하게 되는 중요한 이유는 노년이 더 이상 생산적이지 않다고 여겨지기 때문이다. 그저 나이가 문제가 아니라.

3. 노년 - 은퇴 후 향유의 시간?

물론 노년의 시간을 젊은 시절에 열심히 일한 뒤 비로소 여유를 갖고 삶을 즐기는 시간으로 생각할 수 있다. 오늘날 우리 사회의 현실적 조건으로서 소수의 사람들에게만 해당되는 이야기일 수는 있으나 적어도 관념적으로는 그렇다. 더욱이 정치적으로나 경제적으로 사정이 좋아져서 더 좋은 복지 국가가 실현된다면 그런 상상이 공허하기만 한 것은 아니다. 노년을 여가를 즐기는 삶으로 규정하는 것은 사실 인류 역사에서 계속 되어온 낭만적인 환상이기도 하다.

그런데 그렇게 늘어난 여가가 과연 삶을 충만하게 해 줄까? 그런 의미에서 투르니에의 말은 귀 기울여 볼 만하다. 그에 따르면,

> "진정한 문제는, 특정한 뭔가를 하는 게 아니라, 우리가 하는 행위가 우리 자신에게 어떤 의미를 갖느냐는 것이다. 단순히 시간을 보내기 위한 활동인지, 아니면 죽는 날까지 자신의 능력을 키우고 계발하려는 근본적인 욕구의 표현인지 생각해봐야 한다. 하지만 많은 사람이 이런 질문을 자신에게 제기하는 걸 꺼린다."[4)]

노동은 두 가지 의미를 가질 수 있다. 하나는 생계, 즉 생존을 위한 노동이고 다른 하나는 자신의 존재 의미를 입증하는 활동으로서의 노동이다. 생

4) 폴 투르니에(P. Tournier), 『노년의 의미』, 강주헌 옮김, 2015, 18쪽.

계를 위한 노동은 거개가 벗어나고픈 일이며 따라서 은퇴가 의미하는 것은 생계를 위한 노동으로부터의 해방을 의미한다. 그러나 취미 생활로 일관하는 것, 즉 단지 시간을 보내기 위해서 몸을 움직이는 것은 (통상 그것을 노동이라고 부르지는 않지만) 대개 성취감을 주지는 못한다. 다시 말해 자신의 존재 가치를 입증해 주지는 않는다. 생계를 위한 노동은 자신의 입에 먹을 것이 들어가거나 가족을 부양하는 공을 통해서 자신의 존재 가치를 입증하지만, 시간을 보내기 위한 노동은 그렇지 못하기 때문이다. 투르니에가 말하는 '죽는 날까지 자신의 능력을 키우고 계발하려는 근본적인 욕구'는 노년의 지혜가 현실의 문제를 해결하는 데 도움을 주는 상황과 무관하지 않을 것이다. 단지 시간을 보내는 것이 아니라 자신의 내면에 있는 '여전한' 가능성들을 펼쳐내는 것이며 그런 한에서 자신의 존재 가치를 입증하는 것이기 때문이다.

결국 노년은 얼핏 딜레마 상황처럼 보이는 처지에 빠져 있다고 말할 수 있다. 만약 누군가가 은퇴는 없고 죽을 때까지 쉬지 못하고 노동해야 한다는 것은 확실히 유쾌한 전망은 아니다. 반면 특별한 사회적 효용성 없이 그저 시간을 보내는 일이 고민이 되는 노년은 우울해 보인다. 이런 상황이 딜레마가 되지 않으려면 노년의 삶에서 벗어나고픈 생계 노동은 아니되 자신의 존재 의미를 입증해 줄 자신만의 일을 가지고 있어야 한다. 이는 대부분의 사람들에게, 혹은 우리 사회의 현실에서 사실 무척이나 어려운 일이다. 무엇보다 충분한 사회 안전망이나 복지 시스템이 되어 있지 않은 우리나라의 현실에서 노후의 삶에 대한 안정적인 준비가 되어 있는 사람은 그리 많지 않다. 게다가 설령 노후 생활을 안정적으로 유지할 수 있는 준비가 되어 있다고 하더라도 자신에게 존재 의미를 입증해 줄 일을 찾는 일 역시 쉽지 않기 때문이다.

최근의 우리 사회 변화를 생각해보면 미래를 위한 적극적인 준비라는 말이 오직 청소년기에만 해당하는 말은 아니다. 평생 직장의 개념은 이미 없어진지 오래이며, 평균 수명의 증가는 사람들로 하여금 중년 이후의 건강관리에 많은 관심을 갖게 하였고 그 덕에 과거에 비해 '젊은' 노년의 시대가 시작되었다. 이런 변화의 연쇄적 결과는 '노년'의 시기가 과거에 비해 훨씬 길어졌다는 것이다. 바로 그런 의미에서 노년의 시작은 '세컨드 라이프'의 시작이다. 현실의 정체성과는 다른 새로운 정체성을 가상 현실에서 체험해 보는 게임으로서의 세컨드 라이프(secondlife.com)가 아니라 인생의 두 번째 시작으로서의 세컨드 라이프이다. 노년을 그저 은퇴 후에 그 동안 열심히 일한 대가로 여유와 향유를 위한 시간이라고 생각할 수 없다. 그것은 자칫 꽤 오랜 시간을 무의미하게 시간을 보내는 일로 메워야 하기 때문이다. 자신의 존재 의미를 채워 줄 일을 필요로 한다는 것은 나이와 상관없이 필요한 일이다. 물론 그 '일'이 '생계를 위한 노동'이 아님에도 여전히 경제적인 소득을 얻을 수 있는 일이라면 더더욱 좋다. 자신을 그저 소비 주체로서만이 아니라 생산적 주체로 자리매김해 주기 때문이다.

이쯤해서 시대의 변화를 좀 더 큰 틀에서 볼 필요가 있다. 무엇보다 '노년'의 판정 기준에 가장 큰 영향을 미치는 것이 사회적 기준인 한, 우리가 사는 사회가 어떤 상황에 있는지 또 앞으로 어떻게 변화해갈지를 생각해

보는 것은 사실상 필수적인 요건이다.

시대 변화를 큰 틀에서 보는 한 방법은 우리 사회를 규정하는 트렌드들을 이해하는 것이다. 그 중에서 특히 테크놀로지의 변화를 이해하는 것이 중요하다. 왜냐하면 오늘날 정치, 사회, 문화, 경제 전반에 커다란 변화를 일으키고 있는 가장 중요한 변인이 첨단 테크놀로지들이기 때문이다. 20세기 후반부에 접어들면서 사회 변화의 속도는 점점 더 빨라지고 있다. 30여 년 전 우리나라에 마이카 붐이 시작될 무렵 앞으로 자율주행차를 타고 다닐 것이라고 예상했던 사람은 거의 없었다. TV 드라마로 인기를 끈 <응답하라> 시리즈가 보여주듯이 삐삐와 벽돌만한 이동 전화를 쓰기 시작하던 시절, 요즘처럼 컴퓨터 못지않은 성능에 TV 시청까지도 할 수 있지만 수첩보다도 작은 휴대전화를 전국민이 사용하는 시절이 이렇게 빨리 올 것이라고 예상한 사람도 많지 않았다. 간단히 말해 기술의 발전과 그에 따른 사회적 변화는 우리의 예상보다 계속 앞서고 있다.

이제까지 기술의 발전과 그에 따른 사회적 변화는 '노년'의 사회적 가치를 떨어뜨리는 일등공신이었다. 앞서 말했던 것처럼 빠른 변화에 적응하지 못하는 노년은 문제 해결 능력에서 뒤쳐져 보이기 때문이다. 노년이 알고 있는 문제 해결 방식은 더 이상 사용하지 않는, 혹은 사용할 수 없는 방식이기 때문이다. 갑자기 몸이 아플 때 할머니에게 의지하지 않아도 된다. 아니 그것보다는 오히려 인터넷에 자신의 증상을 검색하는 것이 훨씬 더 낫다. 집에 있는 음식 재료로 뭔가를 만들어 먹어야 할 때, 엄마를 찾지 않아도 된다. 훨씬 더 좋은 아이디어들과 경험들이 이런저런 사람들의 유명 블로그에 널려 있다. '노년의 지혜'는 결국 경험에서 나온다. 그런데 한 사람의 경험에 의존하는 것이 아니라 '수많은' 사람들의 경험에 언제든지 접속할 수 있는 시대가 된 것이다.

노년의 삶과 관련해서 특히 주목해야 하는 기술은 사회적 관계망에 변화를 일으키는 기술들, 예를 들면 사물인터넷과 같은 연결 기술들이다. 사회적 관계망의 변화는 인적 물적 관계 방식을 변화시킴으로써 사회 구조 전체에 영향을 미친다. 따라서 그런 변화는 곧바로 삶의 방식과 관련된 사회적 트렌드들을 만들어 낸다. 요즘의 중장년들이 온라인 공간에서 동호회나 밴드를 활용해서 인적 네트워크를 만들어 가는 방식의 변화를 보면 기술의 발전이 사람들의 관계를 어떻게 변화시켜 나갈지 짐작할 수 있다. 따라서 노년을 생각하는 사람이라면 네트워크 사회니 초연결사회니 하는 표현들을 흘겨 들어서는 안 된다.

물론 이제까지 '노년'이라는 말은 빠른 변화에 대응하기 어려운 계층, 다시 말해 기술 변화에 적응하기가 어려운 계층으로 이해되곤 했다. 노년의 사람들이 사회적 변화에 탄력적으로 대응하지 못하는 것도 그런 탓이라고 여겨졌다. 하지만 최근 기술 발전에서 주목할 점은 사용자 편의성이 증대되고 있다는 것이다. 다시 말해 과거와 같이 첨단 기술을 이용하는 데 많은 지식과 센스가 필요하지 않은 상황이 되어가고 있다는 것이다. 기술과 사용자 간의 상호 작용 기술 역시 발전하고 있는 기술이기 때문이다. 이러한 변화는 인공 지능 기술의 발전에서 정점을 이룰 것이다. 이른바 '자동화 기술'은 첨단 기술과 사용자 간의 거리도 좁혀줄 것이다. 최근 기술 발전의 트렌드는 사용자의 관점에서 첨단 기술이 보이지 않도록 하는 것이다. 다시 말해 첨단 기술의 실체가 무엇인지 몰라도 기술을 사용하는 데 아무런 문제도 없게 만드는 것이다.

이러한 변화의 또 다른 측면은 노년의 세대 자체가 변화하고 있다는 사실이다. 전세계를 전쟁의 포화로 몰아넣었던 2차 세계 대전 이후의 세대들, 즉 전후 베이비 붐 세대가 다가올 시대의 노년이라는 점 또한 고려해야 한다. 우리나라의 경우도 예외는 아니다. 전후 베이비 붐 세대, 우리나라의 경우 86세대는 그 이전 세대에 비해 교육 수준이 높고 첨단 기술에 대한 적응도 역시 높다. 즉 노년의 모습 역시 과거와는 현격히 달라질 것이다. 노년의 사람들이 변화하고 있기 때문이다.

4. 세컨드 라이프: 새로운 사회적 주체로서의 노년

기술의 발전이 사람들의 상상을 앞서갈 만큼 빠른 현상은 기술에 적응해 가는 일 역시 새로운 국면으로 몰아가고 있다. 젊은 사람이나 노년의 사람이나 모두 새롭게 적응하기에는 마찬가지라는 것이다. 이는 어쩌면 현대 사회가 겪고 있는 변화가 이전의 변화와는 근본적으로 다른 성격이라는 점을 함축하고 있다. 많은 학자들이 최근의 변화에 대해 일종의 단절적 변화, 즉 지난 수십 만 년 동안 인류가 진화해 오면서 겪어야 했던 변화와는 질적으로 다르다는 평가를 내 놓고 있다. 예를 들어 생명 과학 기술의 발전은 인공 장기를 만들어 내는 바이오 프린팅 기술을 말하기 시작했고, 유전자

편집 기술이나 노화방지 기술 등 과거 인류가 피할 수 없는 운명으로 받아들여야 했던 질병과 노화에 대한 문제를 기술적으로 다룰 수 있는 수준으로 발전하고 있다. 이러한 생명 과학 기술들은 노년에 대한 생물학적 규정에 변화를 가져올 수 있는 기술이다.

또한 노년이라면 바로 연상되는 지체 현상들, 가령 육체적 능력의 쇠퇴나 인지 능력의 쇠퇴 역시 기술적인 보완이 가능해지고 있다. 뇌과학의 발전과 나노 기술 및 IT 기술의 융합은 지난 수십 년 간 인류가 피하지 못했던 노화의 현상들에 대한 적절한 대응책을 마련하기 시작했으며, 종국적으로는 인간과 기계의 결합마저 가능케 하는 인간 정체성의 변화마저 논의되기 시작했다. 인간이라면 피할 수 없는 필연적 운명처럼 여겨졌던 생로병사의 문제가 기술적으로 접근 가능한 문제가 되어가고 있다는 뜻이다. 이는 곧 노년의 생물학적 한계에 변화가 예고되어 있다는 뜻이기도 하다.

게다가 모든 사물이 서로 연결되고 인간 대신, 혹은 인간보다 더 합리적인 판단을 내려줄 수 있는 인공 지능의 등장은 노년의 삶을 바꿀 수 있는 또 다른 테크놀로지이다. 구글의 알파고나 IBM의 왓슨 같은 인공 지능의 궁극적 목표는 범용 인공 지능이다. 즉 우리의 일상 곳곳을 관리해주고 일처리를 대신해 줄 수 있는 인공 지능 비서들을 사용하는 것이다. 노년의 외로움을 달래주거나 거동이 불편할 경우 도와줄 수 있는 인공 지능 로봇들이 개발되고 있고 이미 시장에 진출하기 시작했다. 이러한 변화만이 아니라 보다 근본적으로는 인공 지능의 등장이 직업의 변화를 예고하고 있다. 자료를 찾고 그 안에서 어떤 판단을 내려야 하는 지적 노동의 경우, 예를 들면 법원 판례를 뒤져서 해당 사건의 승소 확률을 예측하는 일과 같은 법률 서비스나 주식 시장에서 여러 가지 상황 조건들을 고려해서 주식의 상승과 하락을 전망하는 일과 같은 지적 노동들을 인공 지능들이 대체하고 있다. 그리고 이런 일들은 빠르게 진행될 것이다. 만약 이렇게 우리의 지적 노동을 대신하는 인공 지능과 우리의 육체 노동을 대신하는 로봇이 결합한다면 우리의 직업 세계는 완전한 변화의 국면에 들어서게 될 것이다.

이와 같은 사회적 변화는 노년의 의미도 바꾸어 놓을 것이 틀림없다. 노년을 준비해야 하는 사람들이 첨단 기술의 변화에 대해 좀 더 예민하게 생각해야 하는 것은 바로 이런 이유들 때문이다. 물론 생명 공학 기술의 발전과 같은 일이나 초연결사회와 인공 지능 서비스 같은 일들이 우리의 일상에 언제쯤 들어올 수 있을지를 간단히 예측하기는 어렵다. 성급한 사람들은 수년 내로 그런 일들이 벌어질 것처럼 예상하지만 수많은 사회적 제도나 윤리적 문제 등을 고려하면 가까운 미래라고 이야기하기 어려울 수도 있다. 그러나 그렇다고 해서 관심을 소홀히 할 이유도 없다. 왜냐하면 최근 기술의 발전은 늘 우리의 기대 이상이었기 때문이다.

또한 첨단 기술 문제가 포함된 사회적 환경 변화에 주목해야 하는 이유가 오직 그 기술들이 변화시키는 사회적 환경 때문만은 아니다. 그것은 이제 곧 노년 세대로 진입할 세대의 특성과도 관련이 있다. 앞서 잠시 말했던 것처럼 베이비 붐 세대들은 높은 교육열과 유례없었을 정도의 경제 성장기를 거치면서 과거 어느 세대보다도 높은 삶의 질을 추구해왔다. 이는 우리나라의 경우에도 마찬가지이다. 게다가 전후 베이비 붐 세대들의 인구 비중 또한 매우 높은 편이다. 많은 선진국들에서 고령화가 급속하게 진행되고 있는 데에는 평균 수명이 늘어난 탓도 있지만 출산율은 떨어지고 고령층에 속하는 인구수가 상대적으로 많기 때문이다.

미국에서 실시한 한 조사에 따르면, 미국의 베이비 붐 세대는 일 중심적이며 독립적이고, 목적지향적이며 경쟁적이라는 세대 특성을 지닌다고 한다. 반면 우리나라의 베이비 붐 세대에 관한 2010년도 통계청 조사에 따르면 부모와 자식에 대한 책임감은 크고, 원하는 만큼 교육을 받지는 못했지만 교육열은 높으며, 책임감이 큰 탓에 자신의 삶을 향유하는 일에도 서투르다. 당연히 해당 국가들의 경제 상황과 문화적 조건들 탓에 베이비 붐 세대의 특성을 일반화하는 것은 문제가 있다. 그러나 그럼에도 불구하고 공통적이라고 말할 수 있는 것은 베이비 붐 세대는 이전 세대에 비해 이른바 첨단 기술에 많이 노출되었으며 배움에 대한 욕구를 가지고 있다는 것이다.

이는 두 가지 점에서 특히 주목할 만한 변화다. 하나는 사회 구조의 변화로 노년의 경제적 자립도가 과거에 비해 매우 높아지고 있다는 것이고 다른 하나는 재교육의 기회가 훨씬 다양하고 광범위하게 열려있다는 것이다. 물론 경제적 자립도 문제는 곧 노년이 될 베이비 붐 세대에게 커다란 문제다. 에코 세대, 즉 이전 세대처럼 그들의 자녀 세대에게 노후를 의존하기는 어렵지만 여전히 이전 부모 세대를 봉양하고 있는 현실 때문에 베이비 붐 세대가 노후 준비를 제대로 하고 있지 못하기 때문이다. 다시 말해 노후에 독립적인 경제생활을 해야 한다는 의식은 높지만 현실적 여건이 갖추어져 있지 않기 때문에 문제다. 반면 이런 상황을 뒤집어서 이야기한다면 이 베이비 붐 세대가 과거와는 다른 새로운 노년을 준비해야 하고, 또 준비할 수 있는 세대라는 점 또한 분명해진다. 비록 현실적 여건이 어렵기는 하지만 어떻게든 방안을 마련하고 준비해야 한다. 그래서 더더욱 곧 노년이 될 세대는 첨단 기술이 사회를 어떻게 변화시켜 나갈지에 대한 감각을 키우는 것이 중요하다.

다행인 것은 베이비 붐 세대의 교육열은 매우 높은 편이며, 은퇴 후 재교육에 대한 열망 또한 크다. 그것은 평균 수명이 증가함에 따라 상대적으로 긴 노후를 보내야 한다는 미래 전망에 대해 폭넓은 공감대를 갖고 있기 때문이다. 빠르게 고령화하고 있는 우리 사회의 인구 구성 비율을 고려할 때, 노년에 접어드는 사람들이 새로운 변화에 적응하도록 재교육하는 것은 단지 개인의 문제만이 아니다. 정부와 지자체 등 사회 전체가 나서서 함께 지혜를 모아야 할 일이다.

앞서 이야기 한 것처럼 첨단 기술의 발전은 우리 사회의 많은 것을 바꾸어 나갈 테지만 그 변화의 폭과 영향력을 고려할 때, 앞으로의 변화는 노년이나 청년 세대나 모두 처음 겪는 경험이다. 경제적으로 준비가 된 사람이든, 혹은 준비가 되지 않은 사람이든 노년의 시간을 그저 시간을 보내는 일로 소일한다면, 그 시간이 행복할 리 없다. 사회적 차원에서 지원되는 첨단 기술 사회에 대한 재교육은 한 편으로는 노년의 사람들이 시간을 좀 더 의미 있게 보낼 수 있게 함과 동시에 새로운 교육을 통해 노년에 새롭게 시작할 수 있는 직업 교육이 될 수도 있다. 말 그대로 세컨드 라이프를 시작하게 하는 동기 부여의 역할을 할 수 있다.

요즘 시장에서 화두가 되고 있는 표현 중 하나는 '콘텐츠'이다. 첨단 기술을 통해 새로운 종류의 플랫폼들이 마련되었지만 그 플랫폼을 활용한 새로운 사업이나 서비스 등의 콘텐츠가 부족하다는 뜻이다. 새로운 플랫폼에 걸 맞는 콘텐츠를 마련하는 일은 당연히 과거에 없었던 것을 생각해야 하기 때문에 상상력이 필요하고 따라서 젊은 세대에게 적합한 일이다. 그러나 반대로 노년의 수많은 경험 역시 새롭게 구현될 수 있는 콘텐츠들이기도 하다. 서비스 산업의 경우 특히 증가된 노년 인구에 맞게 개편될 것이다. 그 경우 노년을 위한 노년의 서비스 산업과 콘텐츠 개발은 당연히 노년의 사람들이 잘 할 수 있는 일이다. 이 글의 앞에서 말했던 것처럼 노년의 삶은 겪어본 사람이 보다 잘 이해할 수 있는 일이기 때문이다.

이제까지의 이야기를 단계적으로 정리해 보면 이렇다.

① 우리 사회는 빠르게 고령화하고 있고, 의료 기술의 발전 등을 통해 상대적으로 젊고 건강한 노년들의 세대가 예고되어 있다.

② 노년의 삶의 질은 단지 경제적인 여유만이 아니라 삶의 의미를 충족시켜 줄 일(활동)을 갖고 있느냐에 의존한다.

③ 오늘날 첨단 기술의 발전은 우리 사회가 처음 겪게 될 변화를 초래할 것이다.

④ 인공 지능 기술의 발전은 사용자가 첨단 기술 사이의 거리를 좁혀줄 것이다.

⑤ 베이비 붐 세대, 즉 곧 노년으로 진입할 새로운 세대는 기꺼이 재교육을 받을 동기 부여가 되어 있다.

⑥ 첨단 기술에 대한 접근성이 높아진 베이비 붐 세대는 사회적으로 생산적인 일을 할 수 있으며, 사회의 인구 구성 비율에 있어서도 커다란 영향력을 행사하는 주체적 지위를 갖게 될 것이다.

⑦ 베이비 붐 세대는 이제까지 존재하지 않았던 새로운 노년 세대의 등장을 알리게 될 것이다.

⑧ 첨단 기술에 대한 교육을 통해 새로운 노년 세대는 은퇴 세대가 아니라 세컨드 라이프를 주도하는 세대가 될 것이다.

간단히 말해, 첨단 기술의 변화는 우리 사회의 많은 부분을 근본적으로 바꾸어 나갈 것이며, 그에 대한 준비가 필요하다. 세컨드 라이프를 준비해야 하는 세대는 그에 따라 새롭게 배우고, 자신들의 누적된 경험을 통해 새로운 생산과 소비의 주체가 될 수 있다. 아니 되어야 한다. 거의 당위에 가까운 이러한 제안을 흘겨 들을 수는 없다. 조만간 10명 중 3명은 노인이 되고, 50년 뒤에는 10명 중 4명이 노년인 사회가 예고되어 있다. 그때 '노년'은 무엇을 의미하겠는가?

예고된 변화를 미래의 일이라고 준비하지 않고, 시간을 보내는 일만큼 어리석은 일도 없다. 게다가 곧 현역에서 은퇴를 앞둔 노년이 젊은 세대에 비해 갖고 있는 장점은 역설적이게도 '시간'이 많다는 것이다. 그렇게 준비된 시간이 세컨드 라이프를 가능케 할 것이다. 20세기를 지나오면서 서구 사회는 물론이고 우리나라에서도 노년의 가치는 지속적으로 하락해왔다. 빠르게 변화하는 사회에 적응하기 어려웠기 때문이다. 그래서 노마지지(老馬之智), 즉 길을 잃었을 때, 늙은 말이 고향길을 찾아준다는 고사는 그저 옛 이야기에 불과했다. 하지만 오늘날 우리 사회가 부딪치고 있는 혁명적 변화와 그 변화 앞에서 아직 갈피를 잡지 못하고 있는 상황이야말로 늙은 말의 지혜가 필요한 시점이다.

김연순

실버 세대의 어제와 오늘

1. 120세 시대 앞에 선 노인들

최근 다양한 매체를 통해 한국 사회의 고령화 문제나 초고령화 사회로의 진입과 함께 실버 세대의 문제가 제시되고 있다. 생산 계층에서 떨어져 나와 소비 계층으로 분류되는 실버 세대의 수적 증가로 인해 사회경제적 복지 차원에서 해법 모색이 요구되고 있기 때문이다. 이것은 특히 베이비부머 세대의 실버 세대 편입을 목전에 두고 있는 것에 기인한다. 한국의 이러한 경우 외에도 이미 많은 선례를 보여주고 있는 일본을 비롯해서 전 세계적으로 실버 세대에 대한 관심은 그 어느 때보다도 높다. 이런 흐름을 반영하듯 최근에 대중 매체는 연일 실버 세대와 관련된 다양한 정보들을 쏟아 놓고 있다.

실버 세대에 관한 관심은 무엇보다도 경제에 집중되어 있다. 이것은 2015년도 OECD에서 한국 노년층의 빈곤이 전체 1위를 차지하면서 더욱 심화된 듯하다. 이와 연관해서 노인의 파산이 심심치 않게 언급되고 있으며 경제적 차원에서 앞선 노후 대책에 관한 사회적 계몽이 거세게 일고 있다. 사실 많은 부분이 돈으로 환산되는 노년의 상황은 생산 활동은 물론이고 수입에서도 제한적인 노년의 삶의 질에 직결될 수밖에 없기 때문이다. 그러나 지나치게 경제적 관점에만 맞추어진 사회적 분위기는 노인의 빈곤과 파산의 증가 추세를 보편화시키면서 노년에 진입하는 세대에게 공포심을 조장하며 개개인의 조기 노후 대비를 과도하게 강요하는 관련 기업들의 마케팅 전략으로 유용되고 있다. 그러기에 오늘날의 실버 세대는 건강에 관련된 보험을 비롯해서 다양한 분야의 비즈니스에 겨냥되어 호들갑스러운 광고의 대상이 되면서 더욱 불안에 휩싸이고 있다. 이러한 현실에서 노인이 되는 것 자체가 개인적으로나 사회적으로 많은 돈을 필요로 한다는 인식에서 부담으로 받아들여지고 있으며, 노인의 부양은 자연히 피하고 싶은 짐으로 간주되고 있다.

동양에서 노인의 부양은 대개 가정의 도덕관에서 해결되었다. 전통적으로 노인은 삶에 대한 많은 경험을 갖고 있으므로 가정에서나 사회에서 존경받고 우대받았으며 가정의 위계에서 중심을 이루었다. 이제까지 동양 세계는 노인의 풍부한 경험을 필요로 했고 그것에 대해 존중할 줄 알았기 때문이다. 이러한 동양의 도덕관과 달리 서양에서는 오래전부터 노인을 부양하기보다는 그들에게 자립을 요구했다. 이것은 "자녀에게 먹을 것을 의존하거나 가난에 시달리는 자는 이 몽둥이로 죽도록 얻어맞을 것이다."[1]라고 씌어진 18세기 말 독일 브란덴부르크의 한 지역 성문에 걸린 몽둥이를 생각하면 쉽게 짐작할 수 있다. 동양에서 노인의 부양은 당연한 것으로 받아들이고 도덕적으로도 강력하게 계몽되어 왔다면, 서양에서는 전혀 다른 차원에서 노인들의 자립이 계몽되었던 것이다. 서양의 경우, 가난한 집안 사정을 제외하고는 일찍부터 가정의 구성원들이 각기 독립적으로 살았기 때문에 노인은 자연스럽게 자립적인 삶을 요구받았다. 이것이 불가능할 경우 노인은 잠시 자녀에게 의존해 살거나 양로원이나 빈민 구제 시설에 의지해야 했다. 이러한 경향은 오늘날 핵가족화 된 동양에서도 이제는 보편화되고 있다.

21세기에 들어 노인은 동서양을 막론하고 사회경제적 부담으로 받아들여지는 듯하다. 특히 한국의 경우, "파산 선고를 받는 4명 중 1명은 60대 이상의 노인이고, 전체 가구 소득에서 중간 이하의 소득으로 살아가는 노인 빈곤층이 절반이나 된다. 게다가 세계 최저 수준의 출산율까지 겹쳐 2050년이 되면 경제 활동 인구 1.4명이 노인 1명을 부양해야 하는 상황까지 예상"[2]된다. 이렇듯 한국 사회는 현실적으로 볼 때 경제적 약자인 노령인구는 급속히 증가하는데다 출산율까지 저하되면서 생산 인구의 재생산이 원활치 않은 상황에 놓여 있다. 그러기에 사회적 담론은 증가하는 노인 인구를 사회적 부담으로 간주하고, 기술 발전에 따른 기대 수명이 100세에서 120세로 증가할 것이라는 예견은 노인들에게 미래에 대한 불안을 더욱 키우면서 예측하기 쉽지 않은 경제적인 실존과 맞물려서 두려움으로 받아들

1) 펫 데인, 『노년의 역사』, 안병직 옮김, 길항이리 2012, 24쪽.
2) 경향신문, 2015년 12월 15일.

여지고 있다. 말하자면 현재 노인들은 그들 앞에 어떤 변화가 전개되고 그에 따라 어떤 삶을 이어갈지 스스로 알기 어려울 뿐더러 그 만큼 사회적으로나 경제적으로 고립감과 소외감을 더 많이 느끼지 않을 수 없게 된 것이다.

2. '노인'은 누구인가?

노인이라 함은 대략 60세에서 100세까지를 가리킨다. 그러나 노인의 정확한 연령대를 제시하는 것은 간단치 않다. 예를 들면, 독일의 경우도 금세기에 들어서면서 노령 소비자를 겨냥한 고령친화산업에서 소비 시장의 추동 세력으로 '세대 55+(Generation 55+)'를 제시하였다.[3] 여기서 '세대 55+'는 은퇴를 기준으로 제시된 소비 가능성이 높은 연령대로서 노년의 문턱에 들어서는 연령대를 뜻한다. 이렇게 보면 노인의 범주에 55세도 포함된다는 것이, 한국에서도 노년층은 흔히 55세를 기준으로 제시되고 있다. '55세 이상의 노년층'이란 말이 매체를 통해 자주 등장한다. 그러나 제도적인 사항에서는 대체로 65세 이상을 노년 인구로 간주한다. 이를테면 한국의 노인

3) '세대 55+'는 베이비 붐 시대에 출생한 55세에서 64세 사이의 연령대를 가리키며, 21세기에 들어서서 이들이 주요 소비층으로 부상하면서 주목을 받게 되었다. "세대 55+"의 경제적 의미가 부각되면서 특히 금융권을 중심으로 이 세대에 관한 연구가 이루어지고 있다.

복지법을 비롯해서 공적 제도에서는 대개 65세를 기준으로 법집행이 이루어지고 있으며 이에 따라 실질적 차원에서 노인은 65세 이후로 간주된다. 이것에 해당되는 예로는 노인복지법 26조를 들 수 있다.

> "국가 또는 지방자치단체는 65세 이상의 자에 대하여 대통령령이 정하는 바에 의하여 [...] 공공시설을 무료로 또는 그 이용요금을 할인하여 이용하게 할 수 있다.'
> '국가 또는 지방자치단체는 노인의 일상생활에 관련된 사업을 경영하는 자에게 65세 이상의 자에 대하여 그 이용요금을 할인하여 주도록 권유할 수 있다."

그러나 역사에서 보자면 노년은 흔히 "살아온 햇수보다도 신체의 건강에 따라 규정되었다. 대다수 시대나 장소에서 사람들은 더 이상 스스로를 부양하고 돌볼 수 없을 때, 성인이 되어 생존에 필수적인 능력이 사라질 때 '늙었다'는 평가를 받았다."[4] 이런 의미에서 노인은 뒤늦게 1951년 제2회 국제노년학회의에서도 정의되었다. 그에 따르면 노인이란 "노화과정에서 나타나는 생리적, 심리적, 환경적 행동의 변화가 상호작용하는 복합 형태의 과정으로서 환경변화에 적절히 적응할 수 있는 자체조직에서 결핍을 가진 사람, 생활자체가 자신을 통합하려는 능력이 감퇴되어 가는 시기에 있는 사람, 인체의 기관, 조직, 기능 등에 있어서 감퇴현상이 일어나는 시기에 있는 사람, 인생 자체의 적응이 정신적으로 결손 되어 가고 있는 사람, 인체

4) 펫 테인, 『노년의 역사』, 36쪽.

의 조직 및 기능의 소모로 적응감퇴 상태에 있는 사람"[5]을 말한다. 이렇게 볼 때 정신적 육체적으로 퇴행이 불가피한 시기의 사람이 곧 노인인 것이다.

사회적으로 생존능력이 약한 노인은 생산성과 효율성을 우선적으로 평가하는 자본주의 사회에서 그 존재적 의미를 인정받기란 쉽지 않다. 그러므로 노인의 정신적 신체적 한계가 사회적 위상을 약화시키고, 심지어 건강과 아름다움을 추구하는 외모지상주의에서 노화와 약체는 노인의 비하로 이어지는 현상을 보이기도 한다. 그러므로 노화된 몸과 신체의 허약함이 보호받아야 할 처지로 분류되고 그것을 사회적 경비로 계산하는 현실에서 노인은 사회경제적으로 도움을 무한대로 받아야 할 존재일 뿐 더 이상 공경해야 할 존재로 받아들이지 않게 된 것이다. 특히 근로자 몇 명이 노인 1명을 부양해야 한다는 식의 계산은 노인에게 그들의 무력감을 사회적으로 확인시키는 계산법에 다름 아니다. 따라서 200여 년 전에 독일의 문호 괴테는 "누구도 늙은이로 불리는 것을 듣고 싶어 하지 않는다."[6]고 이야기되었던 것처럼 이제 우리도 노인, 늙은이, 나이가 들은, 노화된, 고령자 등으로 불리고 싶어 하지 않게 되었다. 따라서 이런 말들은 이미 기피하고 싶은 말이 되었고, '노인'의 이미지를 바꾸어서 지칭할 수 있는 새로운 용어와 정의가 요구되었다. 그와 맞물려 '실버 세대(Silver Generation)'란 용어가 사

---

5) 전도근, 『100세의 쇼크』, 2011. 16쪽.
6) 괴테, 『파우스트 2부』, 이인웅 옮김, 문학동네 2015, 159쪽. "Niemand hört es gern, Daß man ihn Greis nennt."

용되기 시작한 것이다.

3. 다른 말, 같은 뜻, 다른 이미지... 왜?

실버 세대는 2004년도부터 국립국어원의 '신어' 자료집에 수록되어 있다. 이 개념은 45에서 64세까지의 기성세대를 넘어선 노년층을 달리 표현하는 용어이다. 말하자면 실버 세대는 대개 65세를 기준으로 정신적으로나 신체적으로 점차 생산적이기보다 소비적일 수밖에 없는 연령층을 가리키며 최근에 이르러 더욱 강화되는 노인 개념의 부정적 이미지를 완화하기 위해 차용되었다. '노인'과 뜻은 동일하지만 외래어인 탓에 '실버 세대' 자체는 공경까지는 아니더라도 기존의 노인 개념에 의미상 부담으로 담겨진 부정적 이미지와는 다른 이미지를 형성하는 듯하다. 노인의 지시어와 관련된 이런 현상은 비단 한국의 경우에만 해당되는 것이 아니다.

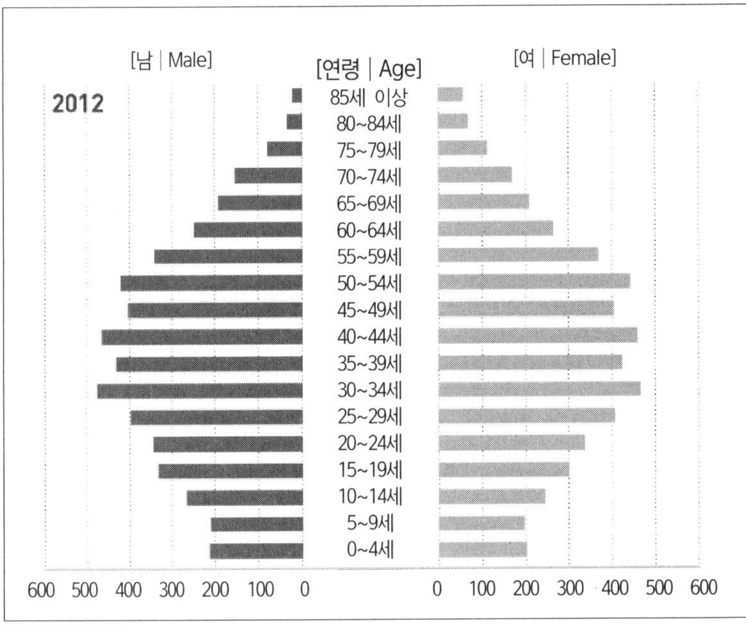

출처 : 통계청, 국가통계포털(KOSIS)

사회적으로 노인의 이미지가 부정적이어서 '노인'을 새로운 용어로 이미지를 전환하려는 노력은 나라마다 있었다. 일본에서도 우리처럼 '실버 세대'란 말이 사용되고 있다거나, 프랑스에서는 '제 3의 인생'이 명명되고 있는 것은 이런 문제를 해결하려는 노력에서 비롯되었다. 자본주의 사회의 우선가치인 생산성과 효율성을 충족시키기 어려운 비생산적 연령대로 간주되는 노인을 긍정적으로 이미지화 할 수 있는 언어 사용의 노력은 영어권에서도 예외는 아니다.

미국에서 노인은 특히 직장에서 퇴직한 뒤에 받게 되는 연금과 관련해서 국가에 의존적인 존재로 이해되었다. 이에 노령자에 대한 부정적인 이미지가 싹트기 시작했지만 사람들은 이를 '시니어 시민 senior citizen'이란 용어로 완화시키고자 했다. 영국에서도 '연장자 the elderly'란 말을 쓰다가 이조차 점차 경멸적으로 받아들여지면서 '나이든 사람 older people'이란 밋밋한 용어를 사용하게 되었다.[7] 이렇듯 노인의 이미지를 완화시키려는 노력들이 세계 각국에서 언어사용의 변화를 통해 모색되고 있으며, 뜻은 같지만 말이 다른 용어들의 사용을 통해 최소한 의미를 왜곡하지 않고 중립적으로 사용할 수 있도록 시도되었다.

이런 맥락에서 최근에 사용되기 시작한 실버 세대마저도 다시 신구로 분화되고 있다. 말하자면 '노인'에 대한 새로운 표기어로서 '실버 세대'는 생각보다 그 의미가 부정적 이미지를 완전히 해소시키지 못하고 있기 때문이다. 무엇보다도 '실버'의 의미는 누구나 인정하듯이 분명 금보다 더 좋을 수 없으며, 실제적인 의미에서 '실버 세대' 또한 현실적 여건에 따라 얼마든지 동전 양면처럼 이중성을 가질 수 있기 때문이다. 그러기에 한국 사회에서 이미 10년 전에 실버 세대에 이어 다시 신세대 노인으로서 '뉴실버(New Silver)'란 용어가 등장했다. 실버 세대에 편입되었지만 실버 세대임을 부정하면서 전혀 다른 패턴으로 자신의 삶을 경영해가는 실버의 신세대가 출현한 것이다.

7) 펫 테인, 『노년의 역사』, 408쪽, 참조.

4. 어제의 실버 세대와 오늘의 뉴실버 세대

실버 세대가 다시 신구로 나뉘며 개별화 될 만큼 뉴실버 세대는 자신들만의 특성을 갖고 실버 세대와 뚜렷한 차이를 드러낸다. 뉴실버 세대의 범주는 1955년-63년생을 가리키며 "1990년대의 컴퓨터 및 인터넷 문화, 2000년대의 모바일 문화, 2010년 이후 스마트폰 및 SNS 문화 등을 실제 적극적으로 활용하면서 성장해온 세대라는 점에서 스마트 실버 세대"[8]로도 명명된다. 생활 세계의 첨단 기계화로 급격하게 변화를 겪고 있는 오늘날 뉴실버 세대의 시대 변화에 대한 적응도는 그 세대를 규정지울 정도로 뚜렷하다. 그만큼 뉴실버 세대는 사회적 인프라로 갖추어진 첨단 기술의 혜택을 받고 있다. 이것은 높은 교육 수준과도 밀접한 관련을 가지며, 뉴 실버 세대가 실버 세대와는 전혀 다른 생활 배경이기도 하다.

수적으로도 뉴실버 세대는 우리나라 인구의 14.6%를 차지할 정도로 적지 않다. 태어날 때 그들은 당시의 인구 구조에서 가장 많은 부분을 차지했는데, 중년을 넘어서도 저출산과 고령화로 인해 변함없이 많은 부분을 차지하고 있다. 교육 수준이 높은 만큼 그들은 정치와 경제에 관련해서 높은 관심을 보이며 은퇴 후에도 지속적인 경제 활동을 지향한다. 그들의 생각과 행동은 상대적으로 합리적이고 적극적이며 독립적이다. 특히 이전 세대

8) 강성관 외, 『뉴실버 세대를 위한 융합형 스마트 생태계 조성에 관한 연구』, (사)한국스마트미디어학회 2013, 15쪽.

들에 비해 경제 수준이 높은 뉴실버 세대의 소비지출은 장차 그들의 높은 구매 잠재력을 예견케 한다. 그러자, 그들을 겨냥한 고령친화적 산업에 대한 관심이 높아지기 시작했고 아울러 주요 소비층으로서 뉴실버 세대에 대한 활발한 연구가 이루어지기 시작했다. 이와 관련해서 이미 2006년에 동아일보와 신한은행에 의한 설문조사에서 공동으로 분석된 결과를 보면, 우리나라의 뉴실버 세대는 특히 이미지, 삶의 태도, 독립성, 노후설계, 가치관, 레저관, 자산 처분, 대인관계, 생활 등 총 9가지 측면에서 실버 세대와의 비교에서 다른 것으로 제시되었다.[9)]

이미지 면에서 실버 세대는 완고하고 보수적이지만 뉴실버 세대는 밝고 유연하며 합리적이고 긍정적이다. 실버 세대는 삶의 태도에서 검소하고 소박하며 자식을 위해 모든 것을 희생하기 때문에 자신의 노후를 위한 설계는 전무하다. 이 때문에 실버 세대는 결국 노후를 자녀에게 의존하게 됨으로써 독립적이지 못하다. 반면 뉴실버 세대는 삶의 태도에서 여유와 즐거움을 추구하면서 다양한 취미 생활을 즐기며 노후 설계를 계획적으로 하여 자녀로부터 독립적이다. 더 나아가 실버 세대는 변화를 거부하고 생활 반경이 좁아 경로당에서 노인끼리 교류하는 것이 대부분이며 삶의 의미가 일에 집중되어 있으므로 여가는 자연히 수단일 뿐이고 자산이 있어도 그것을 자식들에게 남겨주어야 한다는 의식이 강하다. 그러나 뉴실버 세대는 변화에 개방적이므로 다른 세대와 기꺼이 소통하고자 하며 일도 중요하지만 그

9) 동아닷컴, 2006년 7월 27일.

에 못지않게 여가도 중시하고 대인관계의 폭이 넓을 뿐만 아니라 부부중심적으로 노후를 설계하기 때문에 자산은 상속보다 자신들의 풍족한 노후를 위한 지출로 계획한다.

무엇보다도 뉴실버 세대는 기존의 실버 세대들에게는 쉽지 않은 컴퓨터를 비롯해서 기계를 자연스럽게 사용함으로써 자신의 생활 패턴을 기꺼이 변화시키며 주변의 변화에도 능동적으로 대처한다. 이런 의미에서 '웹버족'은 상징적이다. 웹버족은 "인터넷을 뜻하는 '웹(web)'과 노인 세대를 지칭하는 '실버(silver)족'을 합친 말로, 인터넷을 적극적으로 활용하고 즐기는 노년층"[10]을 지칭한다. 디지털 시대에 컴퓨터를 다룰 줄 안다는 것은 시대 변화에 적응할 수 있음을 의미하며, 이 점에서 뉴실버 세대는 특히 적극적이다, 그들은 일상에서 인터넷 서비스를 이용하여 삶의 편리를 추구하며 그만큼 개방적으로 소통하며 자신을 중심으로 형성되는 복잡한 네트워크를 통해 존재적 가치를 확인하게 되는 기계 문명에 이미 익숙해 있다.

5. 노화를 관리하는 뉴실버 세대

과거 어느 때보다도 같은 연령대에서 보였던 생활 태도에 비해 훨씬 진

10) 국어국립원, 국어사전, http://www.korean.go.kr/front/search/searchList.do

취적인 오늘날의 뉴실버 세대가 적지 않게 관심을 갖는 것은 곱게 나이들어감을 보여주는 건강한 외모이다. 이것은 노화를 극복하려는 노력과 직결되며 자신에 대한 관리로 이어진다. 뉴실버 세대는 삶의 질과 연관해서 자신을 관리할 줄 아는 첫 번째 세대이다. 실버 세대와 달리 뉴실버 세대는 경제력과 교육 수준을 기반으로 삶의 다양한 측면에서 자신을 위한 외모, 건강, 여가, 노후 등을 관리할 줄 아는 세대인 것이다. 이런 의미에서 뉴실버 세대는 누구도 기껍지 않은 노화와 노인에 대한 편견으로부터 자유롭기 위해 안티에이징에 힘쓴다. '곱게 늙기'란 성숙한 내면의 표출로만 생각했던 실버 세대와 달리, 뉴실버 세대는 보여지는 당당함을 위해 실버 성형을 자연스럽게 수용하며 건강 관리를 통해 몸짱 노인으로 거듭나는 것을 즐긴다. 물론 '곱게 늙기'는 가능한 한 젊음을 오래 유지하기 위한 주름과의 전쟁이기도 하다. 그러나 급속히 발전해가는 과학 기술의 도움으로 과거에는 숙명처럼 받아들였던 노화를 그들은 기술적으로 기꺼이 방어하고자 한다. 이런 의미에서 독일의 유명한 화가 루카스 크라나흐(Lucas Cranach, 1472-1553)의 <젊음의 샘>은 오늘날 우리에게 시사하는 바가 크다.

루카스 크라나흐의 <젊음의 샘>에서 제시하는 것은 회춘이고 회춘과 동시에 얻을 수 있는 것은 사랑이다. 물론 이것은 사랑을 통해서 회춘한다는 의미와도 상통한다. 그러기에 그림 중앙에는 연못이 있고, 그 한 가운데에는 그림 전체의 중심을 잡고 있는 분수대 위에 비너스와 에로스의 조각이 자리하고 있다. 연못을 반으로 나누면 왼쪽과 오른쪽의 모습들이 확연히 다르다. 샘물의 왼쪽에서는 주름진 축 처진 피부와 칙칙한 피부색의 노파들이 물에 몸을 담그고 있으며, 오른쪽은 밝고 탄력있는 싱싱한 피부와 핑

크빛 피부색의 젊은 여인들이 샘물을 즐기고 있다.

시선을 돌려 연못 바깥을 보자면 왼쪽에는 늙고 병들어 보이는 여인들이 업혀서 또는 수레나 들것에 실려 '젊음의 샘'에 속속 도착하고 있으며, 반대편에서는 샘에서 나오는 젊은 여인들이 천막으로 손짓하는 기사의 안내를 받고 있으며 그 뒤편에서는 연회와 같은 장면이 제시되고 있다. 말하자면 늙고 병든 여인들이 중앙에 자리한 샘물에 몸을 담그고 샘물을 즐기며 지나게 되면 젊음을 되찾는다는 것이다.

여기서 젊음의 샘은 당연히 노인들의 회춘을 의미한다. 몸도 마음도 무거운 노화의 길 위에서 누구나 돌아보게 되는 봄날과 같은 젊은 시절은 이룰 수 없는 꿈 같은 것이기도 하다. 그만큼 노화는 신체적 정신적 퇴화로 드러나는 인생의 피할 수 없는 운명이다. 그렇다면 인간에게 회춘을 가져다주는 이 샘물은 과연 무엇인가? 마치 기름처럼 불투명하면서도 걸쭉한 느낌으로 채식된 회색의 물은 왼쪽이나 오른쪽이나 별 차이 없지만, 피부병을 비롯해서 다양한 질병을 치료하는 온천물처럼 이것은 특별한 샘물일 것임에는 분명하다. 보는 관람객에 의해 저마다의 상상력으로 다양한 의미로 충족될 수 있는 이 샘물은 매 시대마다 그 해석을 달리 할 수 있겠지만 오늘날 현대적 시각으로 보면 그것은 또한 첨단 과학 기술로 간주해도 무리가 없을 것이다.

루카스 크라나흐 <젊음의 샘, 1546>

회춘을 위해 젊음의 샘으로 가는 길 위의 노인들
루카스 크라나흐 <젊음의 샘, 1546>

과학 기술은 오늘날 노인에게 동안을 선사하고 젊음을 가져다주며 이전 세대에 비해 삶을 향유할 수 있는 편리한 생활을 가져다주기 때문이다. 성형이 그러하고 손상된 신체 부분의 복원 기술이 그러하다. 또한 첨단 기술를 통해 가전제품을 비롯해서 재테크, 건강 관리, 세대 간 의사소통, 취미 및 정보 공유 등을 위해 뉴실버 세대는 새로운 기술 문화에 잘 적응하고 있는 것이다. 이것은 실버 세대에게는 가까우면서도 먼 이야기이다. 과거의 문화에서 실버 세대는 자연스럽게 세월을 자기화하면서 그에 합당한 생각과 행동을 하고자 했다. 노인은 노인다워야 한다는 것이다. 그러나 오늘날의 뉴실버 세대는 첨단 기술을 활용하여 젊은이들처럼 삶의 편리를 즐길 줄 알고 첨단 기술을 이용한 효율적인 자기관리를 통해 젊음을 유지하면서 자신감으로 당당하게 활동하며 다른 세대와 소통하며 많은 정보를 자기화한다. 이것이 이전에 그 어떤 세대도 경험하지 못한 뉴실버 세대의 강점이다.

6. 지금은 나이 듦에도 돈이 드는 시대

뉴실버 세대는 남녀를 구분하지 않고 젊은이들 못지않게 왕성한 사회 활동의 욕구를 갖고 있으며 경제적 재테크에 관심이 많고 그것에 기반을 둔 삶의 질에 관해서 민감하다. 뉴실버 세대는 6 · 25 한국전쟁 이후 성장한 경제 발전 속에서 이전의 윗세대와 달리 상대적으로 안정된 교육을 받았으며 그것을 통해 합리적인 서구문화에 친숙해 있고, 경제 부흥에 따른 약자에 대한 불평등과 독재 정치를 경험했던 비판적인 청년기를 보냈으며, 지난 세기말 개인적으로나 국가적으로 충격이었던 외환 위기(IMF)를 체험하면서 평생 직장이란 더 이상 존재하지 않는 가혹한 사회 변화에 대해 적응 능력도 갖추고 있다. 이런 맥락에서 뉴실버 세대는 특히 경제적인 독립심이 강하며 과거 그 어느 세대보다 삶에서 경제를 우선으로 꼽으면서 경제적 안정을 위해 많은 것을 준비한 세대이기도 하다.

그럼에도 불구하고 뉴실버 세대는 미래에 대해 끊임없이 불안해한다. 생산적인 사회 구성원으로 일생동안 열심히 살았고 그로 인해 경제적으로나 사회적으로 안정을 얻었으며 노후에도 변함없이 적극적으로 일하며 살 것이라 다짐하지만, 고령기의 장기화와 신체 노화에 따른 질병과 사고가 언제라도 그들을 예기치 않은 삶으로 추락시킬 가능성 또한 배제할 수 없기 때문이다. 여기에 핵가족화의 연장선에서 노후에 홀로 살아갈 가능성이 높은 만큼 그것에 대한 준비를 나름대로 했다 하더라도 삶의 불확실성이 그 어느 때보다도 높은 오늘날 뉴실버 세대는 미래에 대한 불안을 떨칠 수 없는 것이다. 또한 다른 한편으로 예전에는 노인들의 경험이 개인적으로나 사회적으로 소중한 정보로 간주되어 노인에 대한 사회적 존중이 당연시 되었으나, 급격한 변화의 소용돌이 속에서 노인의 경험은 가치를 부여받지 못하게 되는가 하면 노인도 변하는 시대와 사회에 적응하기 위해 재교육을 요구받고 있는 실정이다. 따라서 뉴실버 세대는 이런 현실을 직시하고 자신의 노후를 보다 적극적으로 설계한다. 그렇지 않을 경우 그들에게 어떤 일이 일어날 수 있는가는 이미 실버 세대들의 선례에서 보았기 때문이다.

그러므로 뉴실버 세대는 정신적 육체적 건강, 경제적 안정, 사회적 관계의 견고화, 자립적인 생활과 여가 활동 등 나이가 들어서도 변함없이 잘 살아내기 위해 준비를 해야 한다는 강박 관념을 가지고 있다. 문제는 돈이다. 무엇보다도 그 모든 것은 돈과 직간접적으로 직결되어 있기 때문이다. 그러기에 뉴실버 세대는 최소한 필요한 것들을 준비하기 위해 평생 현역이어야 하며, 사회도 그것을 권장한다. 핵가족화 된 자본주의 사회에서 이제 나이듦 자체가 돈이 드는 것으로 인식되고 있다. 정신적 육체적 건강을 유지할 수 있다는 의미에서 그리고 넉넉한 삶을 위해 가능케 하는 기반으로서 더 많은 연금을 위해 사회는 노동에 더 많은 가치를 부여하고, 고령기의 장기화와 맞물려 더 많은 돈을 저축하도록 부추기고 있다. 이런 점에서 어떤 일이 닥칠지 알 수 없는 미래를 위해 다양한 목적의 보험은 곧 안전장치이고 그것은 미래에 삶의 질을 보장하는 것처럼 강조된다. 따라서 뉴실버 세대는 쉬고 싶은 자연스러운 욕구를 충족시키기보다 노동에 대한 사회적 가치를 수용하여, 삶의 막바지에서 건강할 때 즐길 수 있는 단비같은 인생의 평화로운 휴식을 기꺼이 반납한다. 나이가 들어간다거나 더 늙어간다는 것 자체가 의미를 갖지 않으며 경험보다 변화에 대처할 수 있는 지식이 가치 있는 것으로 평가받는 사회에서 뉴실버 세대는 가치 변화의 현실 앞에서 최소한 '하류 노인'이 되지 않기 위해 사회경제적 안전 장치를 마련해야 하는 것이다.[11] 노년의 파산이 종종 언급되고 있는 오늘날 노년기에 '보통'의 노인에서 '하류' 노인으로 전락하는 것이 현실에서는 기이한 현상이 아닐 수 있기 때문이다.

7. 맺음말

사람들은 일정한 나이가 되면 이전 세대들에 비해서 자신을 이미 나이든 사람으로 인식하게 된다. 잘 알고 지내는 사람의 이름이 가끔 기억나지 않게 되고 오십견이 들고 무릎 관절이 시근거리는 등 이미 약해지는 신체 변화를 경험하기 시작하는 40대에 들어서면 문득 세월을 돌아보며 시간을 헤기 시작한다. 그로 인해 40대 후반에서 50대 초반에 사람들은 대부분 자신이 늙어가고 있다는 느낌을 갖기 시작하지만 늙음은 그에게 그저 막연한 관념으로 머리에서 떠돌 뿐 그 자체를 스스로 경험하지 못한다. 이러한 정신적 신체적 변화는 시간이 갈수록 뚜렷해짐으로 인해서 60대에 이르면 이러한 변화를 일상으로 느끼지만, 그 또한 이전에 비해서 조금 더 나이가 들었기 때문일 뿐 그것으로 인해 자신을 노인으로 인정하지는 않는다. 물론 사회적으로도 60대는 노인으로 간주하지만 이제 그것에 대해 회의하는 목소리가 나오기 시작했다. 사람들에게 "노인"이란 대부분 활동을 직접적으로 제한받고 신체적으로 누군가의 도움이 필요한 시점으로 인식된다. 이런

11) 후지타 다카노리, 『2020 하류노인이 온다』, 홍성민 옮김, 청림출판 2015. 참조. 이 책을 통해 후지타 다카노리는 일본의 경우를 자세하게 설명하면서 한국도 일본과 같이 보통의 노인들이 하류 노인으로 전락할 수 있으리라 경고하고 있다. 여기서 "하류 노인이란, 말 그대로 보통의 생활이 불가능하여 '하류' 생활을 할 수 밖에 없는 노인을 뜻"하며, 수입이 없고 저축이 없으며 가족이 없으므로 "생활보호기준(한국의 기초생활수급에 해당하는 기준) 정도의 소득으로 생활하는 고령자 또는 그 우려가 있는 고령자"로 정의된다. 이 용어는 조만간 일본 '노후 붕괴' 상황을 예견하면서 사회경제적 배경에서 다수의 고령자 빈곤가 계층적 하락을 겪을 것이라는 분석에서 비롯된 결론적인 상징어이다.

의미에서 오늘날 노인은 점차 모호한 개념으로 받아들여지고 있다. 왜냐하면 노화는 사회적 통념과는 달리 어느 정도는 개인적으로 극복할 수 있는 현상이 되고 있기 때문이다.

이미 언급하였듯이 뉴실버 세대가 그것을 보여준다. 늙어간다는 것은, 개인적으로는 정신적으로나 신체적으로 약화되는 한계 상황에 직면하게 됨을 의미하며 사회적으로는 소외되고 무력한 상태로 들어서는 서글픈 실존에 내던져짐을 뜻한다. 이런 의미에서 노인에 대한 기존 통념은 대개 비관적이고 병과 죽음으로 향해 있기에 우울하다. 그러나 다른 한편에서 노인들은 이러한 통념을 깨고 늙어감에 적극적으로 개입하여 노화를 부정하고 가능하면 젊음의 시간을 길게 갖으려 노력한다. 이러한 현상에 주목하여 그들을 기존의 노인들을 지칭한 실버 세대와 구별해서 뉴실버 세대라 불리고 있다. 전통적인 사고와 행위 양식에 메여 있는 실버 세대와 달리 뉴실버 세대는 새로운 노년층으로 과감하게 기존의 통념을 깨고 있지만 그들의 현실에 대한 인식은 불확실성에 근거하고 있기 때문에 늘 불안하고 그러한 불안의 원인을 해결하기 위해 오랜 시간을 현역에 머물고자 하는 세대이다. 이렇듯 뉴실버 세대와 같은 현상은 앞으로도 더욱 다양하게 전개될 것이다. 말하자면 개인적으로나 사회적으로 21세기 실버 세대는 과거와 달리 세월에 대해 방어적이고, 사회경제적 준비 차원에서는 적극적이며, 실존적인 삶의 질에 서는 여가를 함께 생각하고, 가족 내에서는 독립적이기를 요구받는다. 그러나 이러한 것들이 낯설기만 한 실버 세대에서 그것을 당당히 실현하려 애쓰는 뉴실버 세대가 등장하였다. 오늘날의 베이비부머 세대와 맞물려 있는 뉴실버 세대는 전통적 사고에서 벗어나 노인의 이미지를 새로이

형성해가고 있으며 실버 세대와는 많은 차이를 보이며 주체적으로 자신들만의 노년을 설계하고 실현해가고 있다.

김화자

시선의 변화와 '주름진 몸'

1. 들어가며: 선미(善美)-원근법의 시선과 몸

현대 의학과 생명 공학의 눈부신 발달은 현대인의 수명을 점점 연장시켜 최근에 100세 넘는 노인의 삶은 더 이상 뉴스거리가 되지 않는다. 한국도 급속히 고령사회로 진입하게 되었지만 다양한 이유로 절대 빈곤층의 노인 인구가 점점 늘어난다는 불편한 지표들이 발표되고 있다.[1)] 무엇보다 노년기에 진입함에 따라 우리 몸은 눈에 띄게 생물학적인 퇴화를 겪는다. 건강도 쇠약해지지만 주름은 노화의 가장 큰 변화이자 상징적인 지표다. 노인

1) http://www.incheonilbo.com/?mod=news&act=articleView&idxno=684782. 자식부양, 빠른 은퇴, 낮은 연금 등의 이유로 우리나라에서 65세 이상 노인은 전체 인구의 13.1%인 660만 명에 이르고 445만 명이 기초연금을 받고 있는데 이들 중 소득하위 70%까지 지급하게 되는 기초연금 전액 수급자 비율은 93% 정도가 된다고 한다.

성 질환 같은 몸의 결함을 재건하는데도 경제적 어려움을 겪는 대다수 노인들에게 미디어는 주름이 추, 자기 관리의 게으름, 빈곤, 아집의 기표이기 때문에 보톡스(Botox)와 성형으로 관리되어야할 이질적이고 부정적인 것이라고 선전한다. 주름은 노화의 기표로 진정 은폐되고 제거되어야 할 아름다움과 젊음의 타자인가? 무엇이 '젊음의 연장'을 위해 노인의 주름을 타자화 하는가?

고대 그리스의 조각 작품들 중 가장 아름다운 남자와 여자의 몸으로 평가 받는 것은 <벨베데레의 아폴론>(도판 1)과 <밀로의 비너스>(도판 2)이다. 그리스 로마의 신화 속 신들이 조각된 두 작품이 당대 가장 아름다운 몸으로 평가받은 것은 객관적이고 이상적인 수적 비례를 지닌 건강한 젊은 사람의 몸으로 표현되었기 때문이다. 두 조각상은 황금비율이 적용되어 '수적인 비율이 맞아야 아름답다'고 본 그리스인의 미적 사유를 잘 드러낸다. 서구에서 신체의 미의 기준은 시대마다 변해왔지만 전통적으로 고대부터 근대에 이르기까지 미란 선하고 진실 되어야 한다는 그리스의 "칼로카가디아(kalokagathia, 선미사상)[2]가 감각적인 신체의 아름다움을 표현하는

2) 인간 최고의 가치를 진선미의 삼위로 본 플라톤은 "[...] 척도와 비례는 어디서나 미 및 덕과 같은 것으로 인식된다. [...] 만약 한 이데아의 도움으로 선을 잡을 수 없다면 세 가지 - 미, 비례, 진리 -를 가지고 쫓아가보자." (필레보스 64E)라고 언급하고, "선한 것은 모두 아름다우며, 아름다운 것은 비례가 없을 수가 없다."(티마이오스 87C)라고 강조하였다. 플라톤은 선의 이데아가 최고의 이데아이고 다음으로 진리, 미의 이데아가 존재하며 인간의 도덕적 이상을 행복의 성취로 보았다(W. 타타르키비츠, 『고대미학』, 손효주 옮김, 미술문화, 2005, p. 230 참조). 아리스토텔레스도 "비극은 진지하고 일정한 길이를 가지고 있는 완결된 행동을 모방하는 것이며 [...] 그리고 비극은 희곡적 형식을 취하고 서술적 형식을 취하지 않으며 연민과 공포를 통해 이러한 감정의 카타르시스를 행한다."(시학 1449b24)고 보았다. 감정의 카타르시스를 위해 예술가는 "운문을 만드는 사람이라기보다는 플롯을 만드는 사람이어야 한다."(시학 1451b 27)는 것이다.

작가의 시선에 힘 있는 담론으로 작동했다. 칼로카가디아는 미란 객관적인 수학적 규칙, 즉 균제, 비례, 조화에 근거해야만 이상적일 뿐만 아니라 선하고 진리이어야 한다는 것이다.

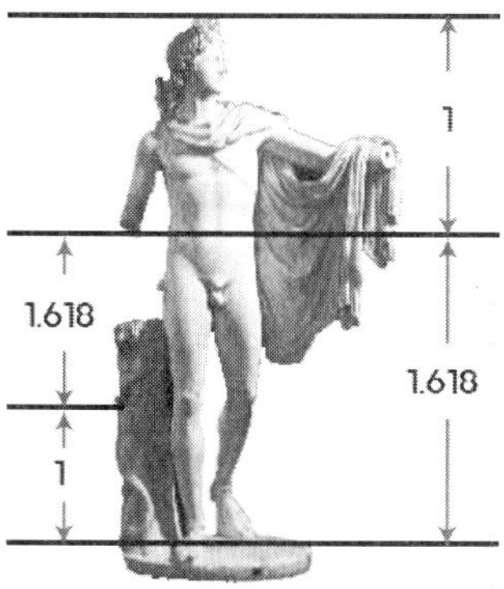

1. 벨베데레의 아폴론

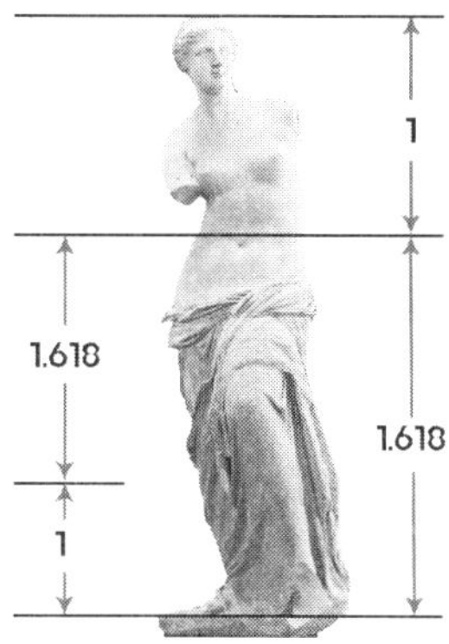

2. 밀로의 비너스

칼로카가디아를 강조한 플라톤은 예술이 정확한 비례와 척도에 의해서만 이데아를 감각적인 현실에 나타나게 할 수 있다고 보았다. 이처럼 '칼로카가디아'에 깔려있는 수적 비례와 균제는 인체를 표현하는 예술미의 기준이 된다. 플라톤 이전 피타고라스학파도 우주가 수학적 질서에 따라 조직되어 있기 때문에 모든 대상들도 하나의 내재적 척도인 카논(canon, 표준율)에 따라 조화롭게 형성되어 있다고 믿었다. 수적 비례와 균제를 의미하는 카논이 감각적인 예술미의 기준이 되고 그런 예술미가 구현된 작품이야말로 영혼을 정화시킬 수 있다는 것이다. 아리스토텔레스도 『시학』에서 예술은 '규칙을 아는 능력에 기초한 의식적 창작'이므로 모방이란 구성과 조화를 중요시하는 플롯에 입각해야 카타르시스를 야기하고 행복해질 수 있다고 강조한 것이다. 요컨대 영원하고 이상적인 미란 수학적인 비례와 균제에 따라 자연을 모방하고 도덕적인 선과 행복을 추구해야 한다는 것이 그리스 고전주의 미론과 예술론의 핵심이다. 그리스에 나타난 미의 합리적 이상은 다시 르네상스의 시각원리인 원근법의 꼭지점에 사유하는 주체의 이성적 시각으로 부활한다.(도판 3)

3. 알베르티의 원근법 모형

기하학적이고 광학적인 비례의 중심에서 바라 본 인물은 보는 몸 주체와 격리된 사유 주체의 시각에 따라 측정된 것이다. 다시 말해, 르네상스 회화와 조각에 표현된 몸은 예술가의 감성적 시선과 모델 사이의 교감에 의해 탄생된 것이라기보다 시각 피라미드의 교차와 절단으로 측량된 격자창과 해부학적 지식에 의해 사물처럼 취급된 것이다. 원근법은 고정된 눈을 통해 현실을 객관적으로 탐색, 정복하고 싶어 했던 르네상스인의 의욕이 문화적, 사회적으로 구조화된 상징적 시각 체계일 뿐이다. 따라서 르네상스의 예술 작품에 나타난 몸은 '관찰자의 시각'[3]에서 명료하게 분리되어 기하학적인 볼거리로 배열된 것이다. 르네상스에서도 주름지고 고독한 노인의 몸은 아름다운 몸에 포함되지 않았다.

촉각적인 경험으로부터 초연한 외부 주체의 시각모델은 19세기 사진의 카메라 옵스큐라 시각원리에 지속된다. 몸을 식물도감과 동물도감의 동식물들처럼 실험대상으로 관찰하고 감시한 인종분류 사진과 죄인, 환자들을 인증 자료로 기록한 사진들에서 그 실례들을 찾아볼 수 있다. 특히 베르티옹(Alphonse Bertillon)이 인체측정기록, 관상학적·골상학적 초상 사진, 통계학석 문뉴를 하나의 카드에 통합해 죄인을 식별하고 체포할 수 있게 만든 범죄자 사진 시스템이 대표적이다. 다른 한편 미학적이고 예술적인 초상사진과 누드 사진의 주인공들로는 조화로운 비례를 지닌 젊은이의 몸이 주요 모델이었다. 그렇다면 카메라 옵스큐라에서 발전된 현대 영상미디어와

3) 조나단 크래디, 『관찰자의 기술: 19세기 시각과 근대성』, 임동근·오성훈 외 옮김, 문화과학사, 2001, p. 16.

소비자본주의의 교환 체계가 어떻게 노인의 주름을 의학적, 미학적 성형이 필요한 폐기물로 취급하는 '관찰자-통과하기 시선' 담론을 형성했는지 살펴보자. 이런 관찰자의 시선이 미디어에 의해 구경꾼, 시청자, 소비자의 시선으로 변화되면서 어떻게 보이는 몸을 스펙터클한 몸과 상품으로 만들어 버렸는지도 밝혀질 것이다. 요컨대 선미사상과 원근법으로 구조화된 시선의 권력이 놓친 주체와 대상의 상호 감각적·주체적 시선과 몸의 실존적·표현적 관계 그리고 노인의 주름진 몸의 의미에 대해 살펴보고자 한다.

2. '관찰자-통과하기'의 시선과 스펙터클로서의 몸

그림과 사진에서 주름으로 쪼글거리는 노인의 얼굴과 몸을 보여주는 것이 왜 부정적으로 받아들여졌을까? 현대 대중 매체는 여전히 그리스의 조각 같은 서구적인 몸의 비율과 얼굴이 가장 아름답다는 담론을 유통시키고 있다. 노년을 위한 대중 매체 프로그램들은 단순히 건강 유지하기를 넘어 '동안 만들기', '복근 만들기' 같은 '젊음 유지하기' 담론을 형성하고 이 담론을 어느새 우리 사회 노년의 몸 신화로 만들어 버렸다. 결국 미디어는 소비자본주의와 공모해 노인 문화를 "타자화 된 노년의 이미지와 공상적 노년 담론[4]"으로 추동하고 있다. 이것은 자연스런 노년의 이미지를 부정하고 지방과 주름제거 수술로 젊음을 연장하려는 근대 볼거리와 상품 문화의 연장이라고 볼 수 있다. 19세기 초 원근법에 기초한 카메라 옵스큐라는 관찰자의 조정 가능한 시각이 되어 몸들을 새롭게 배치하는 권력으로 작동했다. 감각적 경험으로부터 자율화된 시각은 점점 추상화, 표준화되어 모든 것을 상품으로 교환하고 소비하게 만든 스펙터클의 사회[5]에 일조하게 된 것이다. 다시 말해 관찰자의 시각은 대상을 존재 그 자체가 아닌 상품으로 소비한다.

미디어에 의한 시각의 자율화는 자본주의, 외모지상주의와 모의해 노인의 몸까지도 상품화한다. 미디어는 '영원히 젊음 유지하기'란 몸 담론을 통해 노인에게 주름진 얼굴과 몸을 타자화시켜 처진 주름과 지방 제거 수술로 노인의 의식과 몸을 길들이고 있다. 결국 주체로서 노인의 참된 모습은 팽팽한 얼굴로 교정되고 스펙터클로 소비된다. 따라서 현대 사회에서 관리, 성형되지 않은 노인의 몸은 게으르고 일할 능력 없는 퇴물로 취급 받기도 한다. 미디어는 노년의 몸에 성형한 환상적인 젊은 몸을 '통과하기' 의례처럼 강요한다. 길먼(Sander L. Gilman)은 『성형수술의 문화사』에서 '통과하기 모델'에 입각해 미용 성형 수술의 역사와 그 효과에 대해 연구하고, 질병과 추함이 '통과하기'에 의해 교정될 수 있다는 사실이 미용 성형의 개념적 토대가 된다는 사실을 밝혀 주었다. 다시 말해 길먼에게서 '통과하기'는 누군가가 자신이 동일시하고 싶어 하는 개인 또는 집단처럼 보이도록 통과

4) 정진웅, 『노년의 문화인류학』, 한울, 2012, p. 75.

5) 기 드보르(Guy Debord)는 모든 것을 교환 가능한 추상적 등가물로 만들어 버린 화폐야말로 스펙터클의 다른 얼굴이고, 스펙터클 사회에서 모든 것이 교환 가능한 상품이 돼 버렸다고 비판 한다: "스펙터클은 상품이 사회생활을 *총체적으로 점령하기에* 이르는 계기가 된다."(기 드보르, 『스펙타클의 사회』, 유재홍 옮김, 울력, 2015, p. 42).

하기 위해 "'비가시적'으로 되는 것이 아니라, '다르게' 가시적으로 되는 것"[6]을 의미한다. 개인은 자율적인 의지로 의료 행위를 선택해 미와 추, 질병과 건강, 젊음과 늙음 등의 경계를 통과한다는 것이다. 그런데 미용 성형 수술에 근거가 되는 미의 범주는 환자와 의사의 합의된 욕망, 미디어를 통한 사회적, 문화적 담론에 의해 조작된다. 따라서 미용 성형에는 몸의 부정적 징표를 변형해 미디어가 제시한 긍정적 범주로의 '통과하기'가 작동한다. 외모의 변화가 내면도 바꿀 수 있다고 믿는 '통과하기'는 곧 외모로 인간을 판단하는 외모지상주의가 된다. 성형 역사를 통해 재건이든 미화든 성형은 얼굴과 몸이 사람들의 눈에 띄는 이질적 불편함에서 다른 모습으로 '통과'될 수 있는 수단이 되었다.

요컨대 근대 성형외과 문화는 개인이 자율적으로 시선의 권력이 규범화해 놓은 스펙터클한 몸에 맞게 통과한 것을 보여준다.[7] 따라서 '통과하기'는 외모가 주체성을 판단하는 기준이 된다는 믿음, 즉 외모가 스펙터클로서의 몸 상품성을 지닌다는 사실에 근거한다는 것을 알 수 있다. 마침내 몸은 교감과 소통의 관계가 아닌 이미지와 사물이 된다. 결국 관찰자 시선과

6) 샌더 L. 길먼, 『성형수술의 문화사』, 곽재은 옮김, 이소출판사, 2003, p. 18. 길먼은 병을 고쳐 재건하는 데서 시작된 성형 수술이 19세기에 '교정 성형'으로 변화되어 왔고 이상적인 신체를 만드는 성형 행위가 환자의 상상적 신체와 관련해 연구되어야 한다고 강조 한다: "더 이상 누가 위험한 사람인지를 식별할 능력이 없는 사회가 느끼는 공포, 그리고 위험한 외모를 가진 사람이 더 이상 타자와 다르게 보이지 않기를 바라는 욕망이 미용 성형 수술의 이념의 본질을 이룬다. 또한 '통과'를 선택하는 행위 역시 개인의 자율성을 함축하면서 '통과'와 관련된 모든 관념의 핵심을 이룬다. 그리고 이것은 미용 성형 수술의 기본적인 이념 구조의 일부이기도 하다"(Ibid.). 나아가 길먼은 코의 인상학 연구에 근거해 매독에 걸린 코 성형이 미용 성형으로 변화하는 과정에서 '통과' 개념이 '섹슈얼리티와 젊음' 의 통과로까지 확장된 사실을 밝혀주었다.

7) 샌더 L. 길먼(2003), 28-36 참조.

통과하기는 몸의 개조가 내면까지도 교정할 수 있다고 본 근대 계몽주의 시선의 산물임이 밝혀진다. 관찰자적 시각은 아름다움과 추함, 젊음과 늙음처럼 몸의 표피적 변화와 대립만을 관찰할 수 있을 뿐 인간의 참된 본성은 볼 수 없음이 드러난다. 푸코가 『담론의 질서』에서 어떤 사회든 담론을 생산하고 통제, 조직하는 배제의 과정들이 존재한다고 언급했듯이 '관찰자-통과하기 시선'은 몸을 바라보는 근대 시선의 권력과 욕구를 작동시키는 담론을 형성하게 된 것이다.

3. '젊음으로 통과하기' 위한 주름 성형

얼굴과 몸에 잡힌 주름은 노화의 대표적인 기표다. 결국 몸을 교정할 수 있다는 미용 성형의 관찰자-통과하기 시선은 마침내 노화의 징후인 주름도 교정가 능하다고 판단하게 된다. 계몽주의 시대에 늙은 몸은 아름답지도 성적이지도 않고 쇠약한 병리적인 몸으로 여겨져 질병으로 간주되었다. 최근 미디어는 외모 가꾸기 외에도 노화 방지를 위해 '동안' 프로젝트 같은 '젊음으로 통과하기' 담론들을 쏟아내고 있다. 길먼은 젊음으로 통과하려는 노화 극복을 위해 고전적인 모델로서 '회춘모델'과 '성형 수술로 젊은 몸만들기'를 든다. 그런데 노화는 반드시 은폐하거나 극복해야 할 질병인가?

최근 회춘에 대한 인간의 욕망은 호르몬 치료와 함께 미용 성형 수술의 발전으로 더욱 실현가능하게 되었다. 그런데 길먼은 의사들의 연구를 참조해 지금까지의 성형 시도가 노화된 몸을 실제로 젊게 만드는 것이 아니라 단지 젊게 보이도록 통과시킬 뿐이므로 '재활성화'이지 '회춘'이란 용어는 적합하지 못하다고 지적한다. 우생학과 미용 성형 수술로 신체는 바뀌어도 동일한 정체성을 유지할 수 있다는 클로닝 판타지(Cloning fantasy)는 문학 작품을 통해 인간 생명의 재생과 회춘이 반드시 실패하고 극도의 나르시시즘을 부추길 뿐이라는 교훈을 남겼다. 특히 유전학, 세포 재생학에 의해 젊게 변형된 몸은 젊어 보이는 것이지 진정 젊은 신체가 아니므로 젊음을 행복으로 여기는 노년의 욕망은 판타지에 불과하다는 것이다. 우생학적 폐해를 최소화하며 노화의 흔적을 지우는 미용 성형 수술이 대안적 모델로 제시되고 1901년에 최초의 주름 제거 수술이 시행되었다고 한다. 여성주의자들에게 통과하기가 가져다주는 행복은 단지 남성의 관음적인 시선을 의식한 것이 아니라 여성 자신을 위한 것이라고 여겨져 1920년대 성형외과 의사들도 "정신 회춘"[8]을 강조하기에 이른다. 1990년대 들어 보톡스, 지방, 콜라겐 주입 같은 소규모 시술이 행해져 젊고 에로틱하게 '통과하기'의 행복을 추구하는 '회춘'이란 개념이 다시 나타나게 된다.

이 시점에서 오를랑(Saint Orlan)의 성형 수술 퍼포먼스는 시사하는 바가 크다. 한편으로, 오를랑은 스스로 성형 수술을 선택한 자율적 신체와 의사의 타율적 환자 사이에서 새롭고 이상적인 신체로 '통과하기'의 욕망 과정을 보여준다. 다른 한편, 작가는 성형 수술에 의해 그로테스크하게 변형된

8) 샌더 L. 길먼(2003), 401.

신체로 현대 사회의 외모와 인종개량주의를 폭로한다. 요컨대 미용과 개량을 위한 성형수술은 정신의 행복을 위해 몸을 사물화하고 개조해 사회가 규범화한 미로 '통과'한다는 점에서 주권적인 르네상스와 계몽주의 시선의 담론이 연장된 것으로 밝혀진다.

4. 상호 감각적·주체적 시선과 이타적인 몸들

르네상스 말 매너리즘을 거쳐 불규칙, 왜곡을 의미하는 바로크(Baroque)에 와서야 몸은 엄격한 질서, 균형, 명확한 윤곽선을 벗어나 풍만하게 주름진 역동적인 몸의 격정으로 극화되었다.(도판 4) 회화와 조각에서 몸은 매끈한 피부와 명확한 비례보다 인물의 내적 감성과 외부 배경을 하나로 연결해 물결치듯 생동하는 색채들로 주름 잡힌 몸으로 표현되었다. 말하자면 피부의 주름은 인물의 내면과 외면, 즉 신체와 정신을 옷의 주름은 인물과 배경을 연결하는 역동적 힘과 감성이란 긍정적인 의미를 지니게 되었다. 또한 그림 속의 거울(벨라스케스의 <시녀들>)과 거울을 매개로 그린 자화상(렘브란트의 <자화상> 연작)에서 우리는 관찰자의 판옵티콘적 시선에서 벗어난 보고-보여이는 순환적인 시선의 특징을 목격할 수 있다. 마침내 상호 감각적이고 주체적인 시선으로 그려진 몸은 인상주의 회화에 와서야 구현되는데 특히 세잔의 그림에서 작가와 외부 대상 사이의 무수한 접촉과 교류는 형태의 균열과 색의 중첩으로 연결된다.

4. 루벤스, 마리 드 메디치의 마르세이유 입성, 1622-25.

전통적으로 사진은 카메라 옵스큐라의 관찰자적 시선을 통해 몸들을 사물처럼 기록하거나 작가의 주관적인 시선을 익명적, 간접적으로 가시화 해왔다. 휴머니즘적이고 계몽적인 다큐멘터리 또는 보도 사진에서 빈곤하고 소외된 몸들이 등장하지만 굳이 예술 사진은 아름답지 않은 추하고 늙은 몸을 보여주지 않는다. 특히 전통적인 누드 사진에서 뚱뚱하거나 주름진 노인의 몸은 미의 부정적인 범주에 속했다. 현대에 와서야 사진에서도 이상적인 미를 추구하는 관찰자적 시선에서 배제되었던 이타적인 몸들이 상호 감각적·주체적 시선으로 등장한다. 다시 말해 몸과 성(性)의 표현에서 과거 가부장적, 이분법적 세계관을 해체, 이탈한 낯설고 기이한 몸들을 목격할 수 있다. 아버스(D. Arbus)의 신체적 장애가 있거나 평범하지 않은 소수자들, 보편적이고 도덕적인 섹슈얼리티와 성애의 위선을 적나라하게 벗겨버린 낸 골딘(N. Goldin)과 메플소프(R. Mapplethorpe)의 몸들, 중증척추장애의 흉터가 새겨진 자신의 몸을 누설한 테리 파커(T. Palka)의 몸, 미디어의 허구적인 여성성을 변장과 연기로 폭로하거나 혐오스러우면서도 매혹적인 몸들로 전복시킨 셔먼(C. Sherman)의 몸들이 대표적이다. 나아가 사우덱(J. Saudek)의 환상적인 몸들은 어떤 폭력적인 이데올로기로도 규범화 할 수 없는 원초적인 몸을 누설한다. 특히 코플란(J. Coplans)과 한국의 장숙은 균형 잡힌 '젊음으로 통과하기' 시선에서 타자화 되었던 노인의 몸을 상호 감각적·주체적 시선으로 보여준다. 코플란은 64세 자신의 축 늘어진 벗은 몸을 다양한 포즈로 촬영해 파편화 시키면서 나이 듦의 여유와 위트를 적극적으로 표현하였다. 장숙의 <늙은 여자의 집>(도판 5)에서 검버섯과 반점으로 얼룩지고 욕망과 삶의 무게를 덜어낸 주름으로 뒤덮인 할머니의 뒷모습과 얼굴은 관찰자의 시선을 무장 해제시키고 생(生)과 사(死)의 숙명적인 공존에 주목하게 해준다. 즉 세월의 깊이가 새겨진 말 없는 할머니의 맨 등과 얼굴은 서로의 이면이자 보이지 않는 내면의 심오함이 배어 나오며 물화하려는 관찰적-관음적 시선을 구멍 낸다.

관찰자-통과하기 시선 담론에서 벗어난 주름진 몸의 상호 주체적, 감각적 시선의 특징은 프랑스의 대표적인 현상학자 모리스 메를로퐁티(Maurice Merleau-Ponty)의 몸에 대한 사유에서 찾아볼 수 있다. 메를로퐁티 철학의 핵심은 주체와 대상, 물질과 의식, 몸과 정신이란 이원론을 어떻게 극복하느냐에 있었다. 메를로퐁티는 인간존재를 "세계로의 존재(être au monde)"[9]를 실천하는 몸 주체에서 발견한다. 여기서 '세계로의 존재'는 바로 인간이 물질이나 순수한 의식으로 환원될 수 없는 몸으로 세계와 순환적으로 관계를 맺고 있다는 것이다. 왜냐하면 인간의 행동이란 동물처럼 생물학적 욕구만을 실현하려하지 않고 자신이 지향하는 것을 목표로 몸의 물질적, 생명적, 의식적 차원을 통일시켜 표현하기 때문이다. 인간의 몸짓은 세계를 다양하게 조망하면서 생리적인 것과 심리적인 것을 연결한 지각 세계를 표현한다. 즉 몸이란 주어진 상황에서 실존적인 의미를 탐색하며 자발적으로 행동하기 때문에 고유한 것이다.

---

9) Maurice Merleau-Ponty, *Phénoménologie de la perception,* Paris: Galimard, 1945. p. 22.

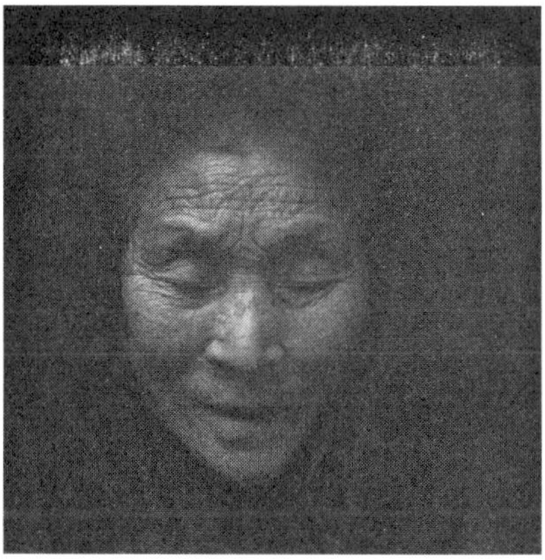

늙은 여자의 집 26, 2014

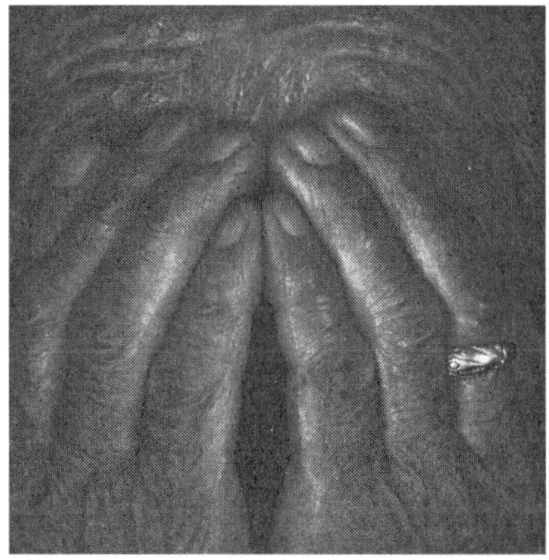

늙은 여자의 집 1, 2011

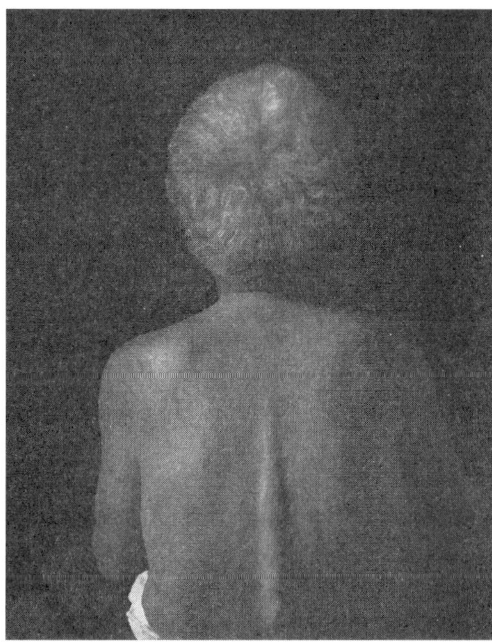

5. 장숙, 늙은 여자이 집 14, 2014

이런 몸이 시각의 주체이므로 시각은 순수한 의식 주체의 경험이 아니라 몸 주체가 세계 속에서 감각적으로 체험한 것이다. 따라서 시각은 대상과 몸 주체의 상호 감각적인 작용임이 밝혀진다.

메를로퐁티에게서 몸은 순수한 물질이 아니라 "순수한 주체와 대상 사이에 존재하는 제 3의 유형"[10]이다. 이런 몸을 대상 또는 세계에 투사하면서 우리는 세계를 지각하고 세계를 의식한다. 즉 세계에 대한 지각과 이해란 세계를 나의 몸과 분리시켜 순수하고 투명한 정신의 눈으로 바라보는 것이 아니라 직접 내 몸을 움직여서 참여하고 그 안에 거주해야만 이해할 수 있다는 것이다. 당연히 내 몸으로 탐색하는 경험 세계는 지각적이고 감각적이므로 불투명하고 명제화 할 수 없이 열려있다. 이처럼 고유한 몸의 경험은 주체와 대상의 대립을 극복하게 만든다. 르네상스 원근법에서 정신의 합리적인 눈의 소실점이 그림의 '물리적 깊이'를 재현하는 반면 메를로퐁티의 몸의 눈은 세계와의 '실존적 깊이'를 창조한다.

늙는다는 현상은 모든 생명체와 마찬가지로 인간에게도 피할 수 없는 숙명이다. 그러나 인간의 삶은 앞에서 살펴본 것처럼 다른 생명체와 달리 실존적인 차원을 지닌다. 인간의 삶이란 시간과 타자와의 존재론적 관계 맺음에 의존하기 때문이다. 따라서 보부아르(Simone de Beauvoir)도 나이든

10) Maurice Merleau-Ponty(1945), 402. "내 몸은 세계를 향한 운동이고, 세계는 내 몸의 지지대이기 때문이다"(Ibid.). 다시 말해 메를로퐁티에게서 몸이란 인간이 세계와 접촉하고 조우할 수 있는 중심축이고 이런 몸의 행동은 감각기관들이 받아들인 외부의 자극과 의식을 자신만이 지향하는 고유하고 상징적인 의미로 통합한 게슈탈트를 표현한 것이다.

노년의 몸이란 주변 사람들과의 "무한한 순환성"[11]속에서 이해해야 한다고 강조한다. 즉 인간은 자신의 몸을 매개로 자연, 타인, 세계와 상호작용적이고 순환적으로 관계를 맺으며 살아왔기 때문에 노년의 문제도 단순히 몸의 생리적 차원과 정신적 차원을 독립적으로 분리시켜 고찰할 수 없는 것이다.

5. 상호주체성과 소통의 실존적 깊이로서의 주름

몸은 의식에, 의식은 몸에 서로를 반향하기 때문에 노인의 몸을 특징짓는 주름도 단순히 생물학적인 노화 현상으로만 볼 수 없고 개인만의 실존적인 의미와 가치를 지닌다. 보부아르를 비롯해 많은 노년 연구가들은 노년을 '정태적인 사실'로 간주하지 말아야 한다고 주장한다. 따라서 노인 각자는 개인의 건강 관리는 물론 노인 복지관의 다양한 교육 프로그램들을 통해 노화로 쇠약해진 몸과 정신의 건강을 유지하며 여생과 죽음을 긍정적으로 준비할 수 있다. 그렇다면 얼굴과 몸의 주름은 노화의 무기력과 추의 상징으로 은폐되거나 젊음으로 '통과하기' 위해 반드시 제거 수술이 필요한 것인가? 오히려 상호주체성과 소통의 실존적 깊이의 기표는 될 수 없는가?

메를로퐁티는 몸이 지각을 실현하기 때문에 지각과 운동이 뒤얽혀 있다

11) 시몬 드 보부아르, 『노년: 나이듦의 의미와 그 위대함』, 책세상, 홍상희·박혜영 옮김, 2016, p. 18.

고 본다. 봄(vision)은 몸의 움직임에 붙어 있어 보는 눈의 움직임과 촉각적인 만짐 사이의 구별이 없다는 것이다. 따라서 메를로퐁티의 봄이란 봄이 펼치는 세계에 속하므로 대상과 분리되어 이성적으로 측량하고 감시하는 관찰자의 시각과는 달리 촉각적이고 감각적이다. 보는 주체와 보이는 대상은 서로 얽혀있어 내 몸은 타자의 시선을 통해 이미 그의 시각 장에 삽입되고, 타자 또한 내 시선에 의해 나의 시각장 안에 들어와 상호주체적인 세계가 펼쳐진다. 여기서 메를로퐁티는 주체와 대상, 즉 나와 타자 사이를 감각적으로 횡단하는 시선의 교차가 나와 타자를 서로 연결하는 "살(chair)"[12)]이란 존재를 생성한다고 강조한다. 나와 타자를 연결해 온전히 '나'란 주체도 아니고 대상인 타자도 아닌 '살' 존재는 내 몸 안에서 만지고 만져지는 손의 이중행위를 통해 경험될 수 있다. 즉 오른손이란 주체에 의해 만져진 대상으로서의 왼손은 내 몸 안에서 서로 뒤엉켜 있기 때문에 내 몸은 순수하게 주체도 대상도 아니다. 그러나 양손은 서로 얽히지만 완전히 하나가 되진 않는다. 하나 되지 않는 양손 사이의 틈이란 내 몸이 부단히 움직여 삶을 살면서 주체인 동시에 대상이 되는 체험을 가능하게 해준다. 따라서 몸 주체의 시선은 전적으로 대상과 분리된 관찰자의 시선이 될 수 없는 것이다. 예술 잡지와의 인터뷰를 통해 자신의 몸에서 살아 있음을 가장 강력하게 체험하고 이런 몸을 촬영할 때 생생한 기쁨과 흥분을 느낀다고

---

12) Maurice Merleau-Ponty, *Le visible et l'invisible*, Paris: Gallimard, 1964, p. 175. 즉 만짐과 만져짐이 순환하는 현상은 주체가 "사물들 속으로 내려고 세계의 중심에서 사물들에서 일어난다."(Maurice Merleau-Ponty 1964, 176)는 것을 알 수 있다.

고백한 코플란의 작업은 이처럼 살아가는 몸과 세계와의 생생한 상호 얽힘을 잘 보여준다. 그의 <셀프 포트레이트> 시리즈는 자신의 볼품없이 늘어지고 까칠한 '주름진 몸'을 감추지 않고 유머러스한 몸 기호로까지 표현하며 촬영한 것이다. 사진 찍는 동안 코플란은 보는 주체이자 보이는 대상이 되는 보고-보이는 관계 속에서 물질로도 의식으로도 환원될 수 없이 물질과 의식으로 중첩된 몸의 이중적인 체험을 가시화 할 수 있었다. 곧 촬영하는 손과 눈은 능동적으로 움직이며 촬영되는 대상으로 펼쳐 연장되고, 촬영된 몸은 수동적으로 촬영하는 몸으로 접혀 연결되는 체험이다.

이처럼 인간은 삶을 살아가며 자신의 몸을 매개로 타자와 상호 관계 맺는 가운데 주체이면서 대상으로 겹쳐지는 감각적인 살을 형성한다. 이 '살'로 인해 우리는 다른 사람들과 감성적이면서도 관념적인 소통과 이해가 가능하다. 왜냐하면 내 몸과 타자의 몸이 서로에게 열리고 연결되어 생성된 공통지대로서의 살의 펼침-접힘의 운동이 생성한 감각의 주름들 사이에서 관념, 즉 사유가 생성되기 때문이다. 나와 타자 사이를 역동적으로 횡단하며 하나의 살로 직조하는 부단한 주름 운동은 나의 몸에도 그 실존적 흔적을 남긴다. 내 몸의 주름들은 나와 세계, 타자와의 긴밀하고 역동적인 상호관계가 남긴 흔적이므로 실존적인 의미와 깊이를 지닌다. 따라서 노인의 깊게 패인 주름들에는 한 평생 세상에서 치열하게 부딪치며 살아온 삶의 생생하고 다양한 경험들이 침전되어 있다. 노인의 주름 잡힌 몸은 실존적인 경험에서 겪은 이질적인 정감의 깊이에 의해 타자와 더욱 긴밀하고 심오한 상호소통과 이해의 잠재적인 토대가 될 수 있다.

6. 나오며: 노년 담론의 새로운 시선을 위하여

우리나라도 시민들의 건강에 대한 높은 관심과 생명 과학, 의학의 발달로 평균 수명이 연장된 초고령 사회로 진입하였다. 인간은 주변 사람, 환경과 역동적으로 관계 맺으며 살아 온 시간만큼 그 접촉의 흔적이 자연스럽게 몸에 새겨진다. 따라서 몸이란 초월적이고 이성적인 정신이 사는 집이 아니다. 우리는 끊임없이 바깥의 타자와 관계 맺고 공존할 때 비로소 '자기'로 존재할 수 있기 때문에 몸 없는 정신 주체란 불가능하다. 내 몸은 스스로를 움직여 타자에게로 가고 다시 타자의 몸을 감싸 내게로 접어 오는 펼치고 접는 반복적인 상호주체적 행위로 주름 잡힌 집이다.

그러나 우리는 언제나 내 고유한 몸과 사회가 이상적이고 아름다운 신체라고 규범화 해놓은 스테레오타입의 신체로 통과하고 싶은 욕망 사이에서 서성댄다. 이를테면 사회적, 문화적으로 유혹하거나 규제하는 몸과 내 몸 사이의 간격과 균열을 비가시적이게 하고 싶어 한다. 성형 수술을 선택할 수 있는 자율성과 환자 대상이란 타율성 사이에서 몸 주체로서 노인은 선택의 자유와 자율권을 행사할 수 있어야 한다. 우리는 자본주의와 외모지상주의가 공모하고 미디어가 조장한 '젊음 연장하기'라는 공상적이고 타자화 된 노인에 대한 환상에서 벗어나 노화에 따른 자연스런 몸의 변화를 인정하면서 스스로 노년 주체를 새롭게 형성해가는 것이 필요하다.

죽음이 엄습하듯 새까만 배경 속 장숙의 할머니 몸 사진 연작처럼 죽음이란 생명의 막다른 골목으로 부정적인 것이 아니라 서로 자연스럽게 연결되어 있음을 받아들여야 한다. 인생의 질곡이 밭고랑 같이 패여 있는 할머니의 주름과 식물을 병치시킨 최근 작가의 사진처럼 우리는 인간과 자연, 삶과 죽음 사이의 태생적인 순환성의 의미와 가치를 이해해야 한다. 그것은 곧 인간이 자신의 주름을 제거해야할 상처, 질병으로 생각하지 말고 지나간 삶이 자신에게 남긴 선물이자 흔적으로 자신의 일부로 여기고 자신과 자연, 세계를 감각적으로 매개해 주는 것으로 생각해야 하지 않을까? 요컨대 주름이야말로 젊었을 때의 치열한 삶이 지금 여기의 실존적인 표정과 몸짓으로, 그리고 미래 노년의 삶에도 지속되면서 여전히 '세계로의 존재'를 실천하는 징표인 것이다. 우리는 이제 타인과 단절, 고립되지 말고 부단히 교류하며 '생생한 상호주체성'을 드러내는 노화의 흔적을 긍정적으로 수용하는 노년 담론을 구축하는 것이 필요하다. 노화의 기표인 주름을 몸과 삶의 일부로 긍정하며 받아들일 때 삶에서 예고된 죽음도 불안해하거나 당황하지 않고 담담히 맞이할 수 있다고 본다.

제 2부 :

노년의 실존을 들여다 보다

오윤희

독일문학에 나타나는 '노년의 삶'의 양상,

'사랑에 빠진 노인'에 관한 3개의 장면

1. 들어가는 글

노인과 사랑, 혹은 노년의 삶과 쾌락, 이 결합은 동서고금을 막론하고 어울리지 않는 것으로 혹은 부도덕한 것으로 여겨진다. 우선은 노인이 되면서 겪는 육체적인 변화 때문이다. 또 다른 이유는 노인이 되면서 자연스럽게 상승하는 그들의 사회적 위치 혹은 그들에 대한 가족이나 친지의 기대 때문이다. 노인들은 좀 더 '고상한 일'에 관심을 가져야 한다고 그들이 생각하기 때문이다. 고대 로마의 정치가이자 저술가인 키케로는 노인들에게는 쾌락에의 바람조차 없다고 주장한다. 더 나아가 노년의 삶에 쾌락이 없는 것은 감사한 일이라고 그는 말하는데, 그 이유는 젊은 시절에 이성이나 지혜로도 완전히 멀리할 수 없었던 쾌락이 노년에 자연스럽게 없어지기 때문이다.[1] 하지만 금지된 것의 유혹은 크고도 강하다. 그래서 노인들은 여전히 사랑을 꿈꾼다. 특히 금지된 사랑을 동경한다. 노년의 삶에서 겪는 이런 사랑이야말로 여전한 자신의 '젊음'을 확인하고 더 나아가서는 자신의 남성으로서의 존재를 확인하는 것으로 그들은 여긴다. 필자는 이 글에서 독일의 문학작품에 등장하는 사랑에 빠진 3명의 노인들을 소개하려고 한다.

1) 키케로, 『노년에 관하여』, 68, 75쪽. 오흥식 역, 궁리.

2. '판도라의 상자' 로서의 노년의 사랑
- 괴테의『마리엔바트 비가』(1823년)

1823년 9월 5일, 74세의 노시인 괴테는 칼스바트를 떠나면서 자신의 여름휴가를 마무리한다. 두달 전인 7월 초에 마리엔바트에 도착해서 머물다가 8월 20일 그곳을 떠나 25일 칼스바트에 도착한다. 그곳에서 74번째 생일을 보내고 9월 5일 집이 있는 바이마르를 향해서 떠나서 17일에 도착한다. 10일 이상의 귀향길 내내 그는 마차 안에서 무엇인가를 쓴다. 자신이 이번 휴가에서 겪은 가슴 아픈 일을 시로 써내려 간 것인데, 이 시는 바이마르에 도착한지 이틀 후에 완성된다. 이 시의 마지막 연은 다음과 같다.

> 나에게 속한 모든 것, 심지어 나 자신까지도 잃어버렸네,
> 얼마 전까지만 해도 신들이 사랑했던 나였는데;
> 그들은 나에게 판도라의 상자를 주면서 나를 시험에 들게 했어,
> 좋은 일도 많았지만 위험한 일이 더 많았어;
> 그들이 나에게 허락한 것은 말 잘하는 입이었을 뿐
> 그들은 결국 나를 떠났어 - 나를 나락으로 떨어지게 했어.[2)]

---

2)『마리엔바트 비가』 23연

사랑하는 이들이 마련해준 74번째 생일잔치를 치른 지 며칠 안 된 후 집으로 돌아가는 마차 안의 노시인을 이렇게 우울하게 만든 '판도라의 상자'는 과연 무엇이었을까?

괴테의 삶은 잘 알려진 것처럼 그야말로 순탄함 그 자체였다. 부유한 가정에서 태어나서 좋은 교육을 받았고, 20세 중반에 발표한 『젊은 베르테르의 슬픔』이 유럽 전역에서 각광을 받으면서 그는 일약 스타로 이름을 알린다. 그를 흠모했던 젊은 영주의 부름을 받아서 바이마르 공국에 정착한 후 그야말로 탄탄대로를 달리면서 아무런 부족함도 없는 삶을 살았다.

괴테의 삶을 이야기 할 때 빠지지 않는 것은 그의 연애 이야기들이다. 그는 젊은 시절부터 많은 여인들과 만남을 가졌는데, 이 만남들은 모두 그의 문학에 어떤 형태로든 흔적을 남겨서 연구가에게 종종 흥미로운 이야기 거리를 제공한다. 그런 이야기들 중에서 70세가 넘은 괴테와 19세 소녀 울리케 폰 레베초브 Ulrike von Levetzov 와의 연애 사건은 전문 연구가뿐만 아니라 일반 호사가들에게도 많이 알려진 유명한 일화이다.

괴테와 레베초프가와의 인연은 1806년에 시작한다. 당시 50대 중년이었던 괴테는 온천 휴양지인 칼스바트에서 여름휴가를 보내는 중이었는데, 바로 이때 알게 된 사람들 중의 한명이 바로 울리케의 엄마인 아말리에였다. 당시 아말리에는 두 살짜리 딸을 가진 18세의 유부녀였다. 항상 명랑했던 그녀는 괴테의 눈에 띄게 되고 그들은 같이 산책을 하기도 하고 문학에 대해서 대화를 하기도 하면서 친분을 쌓는다.[3)]

15년이 지난 1821년 70대 초반의 괴테는 여름휴가를 보내기 위해 방문한 마리엔바트에서 아말리에 폰 레베초프를 다시 만난다. 당시 아말리아는 이혼녀이자 미망인으로 딸 3명을 가진 성숙한 부인이 되어 있었다. 15년 전에 보았던 2살짜리 딸은 성장해서 17살의 어엿한 처녀가 되어 있었는데, 그녀가 바로 울리케다. 괴테는 그녀에게 문학과 예술에 대해서 이야기해주고 자신이 최근에 출판한 책 『빌헬름 마이스터의 편력시대』를 선물하기도 한다. 하지만 그녀는 순진한 소녀였으며 괴테에게 그녀는 잘 아는 지인의 귀여운 딸일 뿐이었다.

두 번째의 만남은 일 년 후인 1822년 6월에 역시 마리엔바트에서 이루어진다. 괴테는 이번에도 여름휴가를 마리엔바트에서 보내는데 그곳에는 여전히 레베초프 가족이 살고 있었다. 이번에도 그는 레베초프가의 여인들과 문학 음악 그리고 예술 전반에 관한 대화를 하면서 친교를 쌓는다.

세 번째 만남도 역시 괴테가 여름휴가를 보내기 위해서 마리엔바트를 방문하면서 이루어진다. 늘 그랬듯이 레베초프가의 여인들은 괴테를 친근하게 그리고 반갑게 맞아준다. 하지만 이번에는 울리케가 예전과는 다르게 괴테에게 느껴진다. 그녀는 더 이상 귀여운 소녀가 아니라 19살의 '여인'으로 성장해 있었다. 70대 초반의 노인은 이 여인과의 사랑에 빠지고 만다. 하지만 이 사랑은 조심스럽고도 차분하게 진행되어야 했다. 울리케가 천성적으로 이성적이고 절제하는 성격인 것도 그 이유지만 그녀의 엄마인 아말리에와 괴테가 나눈 각별한 '우정'도 또한 이러한 차분한 사랑의 원인이 된

3) 이때의 정황은 울리케가 엄마에게 들은 이야기를 기록으로 남기면서 알려진다.

다.[4] 더구나 70이 넘은 노인의 사랑은 괴테의 가족들로부터도 환영받지 못하는 것이기도 했다. 이러한 사실을 안 괴테의 며느리는 완곡하게 반대의 뜻을 전하기도 했으며 아들은 노골적으로 반대의사를 밝혔다.

이러한 주변 인사들의 반대에도 불구하고 괴테는 이 어린 소녀와 결혼할 의사가 있음을 밝힌다.[5] 하지만 이 청혼은 거절당하고 괴테는 상심해서 마리엔바트를 떠난다. 바이마르로 향하는 마차 속에서 자신의 심정을 노래한 것이 바로『마리엔바트 비가』이다.『마리엔바트 비가』는 모두 23개의 연으로 이루어졌다.

첫 연에서 시적자아(괴테)는 지금 헤어지는 그녀와의 재회가 과연 가능할까 묻는다. 그는 이미 그것이 불가능할 것을 안다. 그래서 그는 죽어서 아마도 천국에 가 있을 그녀를 만나는 상상을 한다. 하지만 천국의 삶은 그 자체로 최고의 만족이다. 그녀는 그 어떤 희망도 욕구도 바람도 갖고 있지 않다. 그녀는 그곳에서의 삶 자체에 만족을 하고 있다. 자신이 그녀를 잊지 못하고 다시 보고 싶어 하는 것과 비교하면 이 허망한 일인가?

4) 아말리에가 괴테에게 느꼈던 감정은 우정 이상의 것이었다. 그녀는 당시 35살의 원숙한 여인이었으며 괴테와의 지적인 교류를 넘어 흠모의 정을 품고 있었다는 것이 여러 연구자들의 견해이다.

5) 청혼을 괴테 자신이 직접 하지 않고 친구인 칼 아우구스트 대공에게 부탁을 한다. 대공은 울리케의 엄마인 아말리아에게 괴테의 의사를 전달하면서, 결혼이 성사될 경우 그녀와 그녀의 가족들의 노후를 자신이 보장할 것이라고 말하지만 이 청혼은 거절된다.

괴테와 울리케의 동상

http://www.mz-buergerreporter.de/resources/mediadb/2016/02/20/196590_web.jpg?1455944313

영원히 아름다운 삶을 살 가치가 있는 너였기에
천국은 너를 받아들였어:
그 어떤 소망도 희망도 욕구도 이제 너에게는 없어
이곳이 바로 마음의 가장 깊은 곳에서 원하는 최종 목적지니까,
이처럼 아름다운 것만을 보는 너에게
더 이상 동경의 눈물은 없겠지.(2연)

시적 자아가 현실로 돌아와서 느끼는 것도 역시 좌절이다. "사랑할 힘"도 사라지고 "사랑을 할 필요성"도 느끼지 못한다. 행복했던 순간은 다만 그녀를 처음 만났을 때 혼자 "즐겁게 구상하고 결정을 내릴 때의 희망에 찬 기쁨"(11연)을 느꼈을 때라고 탄식한다.

사실 이 노시인의 울리케에 대한 사랑은 일방적인 사랑이었다. 물론 울리케도 괴테를 "사랑한다"고 말했지만, 그것은 괴테가 생각하는 사랑이 아니라 아버지에 대한 사랑과도 같은 것이었다. 더군다나 괴테가 청혼을 했다는 말을 들었을 때 그녀는 '농담'으로 받아들일 정도였다. 하지만 당시에 괴테는 너무나도 유명한 인사였고, 더군다나 당시 바이마르 영주였던 칼 아우구스트 대공이 직접 전한 청혼이라 그녀의 엄마는 격식을 차려서 딸의 의견을 물었다. "나는 생각이고 뭐고 할 필요가 없다고 여겼다. 나는 괴테를 아주 사랑했다. 마치 아버지처럼.... 나는 결혼하고 싶은 마음이 없었다."[6)]

---

6) 재인용. 괴테 불멸의 사랑, 이상기 , 푸른숲. 141쪽.

이런 울리케의 마음을 괴테가 모르고 있었을까? 그는 어린 울리케와 자신과의 교류를 '신의 은총'이라고 말한다. 아마도 울리케는 그와의 만남에서 괴테의 사회적인 지위를 생각하지 않을 수 없었을 것이며, 이러한 사려 깊은 그녀의 배려를 그는 신의 은총으로 여긴다. "내 생각에, 네 말이 옳다. 신의 은총으로 짧은 동안 너를 동반할 수 있게 되었다."(18연) 이런 감사의 마음에도 불구하고 이루어지지 못한 사랑을 생각하니 자신의 사회적 지위와 학식이 허망하게 느껴지는 것을 느낀다. "너로부터 나를 멀어지게 하는 그 눈짓이 끔찍하구나. 높은 지혜를 배운들, 그 무슨 소용이 있겠는가?"(18연)

괴테는 자신이 겪은 이 사랑을 판도라의 상자라고 생각했다. 정확히 말하면 자신이 그녀에게 청혼한 것을 판도라의 상자를 연 것으로 비유했다. 열지 말고 바라봐야만 했는데 그만 그가 선을 넘은 것이다. 지금까지 순탄하고 행복한 삶을 살 수 있었던 것은 신들이 그의 성품을 사랑했기 때문이라고 그는 생각한다. 하지만 이번에 그는 절제하지 못하고 그만 선을 넘었다. 물론 짧은 시간동안의 행복도 있었다. 하지만 이 행복보다 더 큰 상처가 생겼고 이 때문에 그가 앞으로 겪을 고통이 작지 않을 것이라는 것도 알고 있었다.(23연)

실제로 괴테의 삶에서 이 사랑의 경험은 하나의 분기점이 된다. 이후로 그의 삶에서 더 이상의 사랑은 없다. 그의 나이를 생각하면 울리케의 거절은 당연한 것이다. 하지만 자신의 나이와 사회적인 위상에도 불구하고 용기를 낸 행동, 친구이자 영주인 칼 아우구스트 대공까지 동원한 청혼이 거절당한 것은 그에게 적지 않은 충격이었을 것이다. 울리케는 괴테가 자신에게 청혼했다는 말을 들었을 때 농담으로 생각했었다고 말한다. 괴테의 청혼은 깊이 숨기고 있었던 자신의 본심을 드러낸 것이었고, 커다란 용기를 내서 한 행동이다. 그는 자신의 내부에 남아있던 마지막 열정을 행동에 옮긴 것이었다. 열어서는 안 될 판도라의 상자를 그가 연 것이다.

온 힘을 다한 것이기에 그 이후에 더 이상의 불꽃은 남아있지 않았다. 괴테 연구가들은 괴테의 삶의 곡선은 이 사랑의 시점에 최고점에 있었다고 말한다. 그 시점 이후 그의 삶은 하강곡선을 그린다. 그것은 또한 자신의 삶을 마무리하기 시작하는 시점이 된다.

3. 풍자의 대상으로서의 노년의 사랑 - 하인리히 만의 『운라트 선생 또는 어느 폭군의 종말』(1905년)

운라트 Unrat 선생은 작은 마을의 고등학교 선생이다. 아내와 사별하고 혼자 사는 그의 나이는 57세이다. 그의 본명은 라트 Raat 이지만 보통 그는 '오물'을 의미하는 운라트라는 별명으로 불린다. 이 별명에 나타나듯이 그는 제자들에게 환영받지 못하는 완고한 선생이다. 늘 원리원칙을 주장하면서 학생들을 처벌하는데 온 신경을 다 쓰지만 이런 그의 행동은 사실 자신의 허약함과 부족한 자신감을 숨기기 위한 행동이다.

그는 학교에서 사명감을 갖고 '독재자'의 역할을 기꺼이 해낸다. 학창시절에 문제를 일으킨 학생은 반드시 사회에 나가서도 문제를 일으킨다는 확신을 그는 갖고 있기 때문이다. 그러므로 이런 학생들을 강력하게 처벌하는 것은 바로 미래 사회를 위한 것이라는 확신을 그는 갖고 있다.[7] 하지만 그가 이렇게 확고하고 자신감 있게 행동하는 것은 오직 그가 학교 내에 있을 때뿐이다. 학교를 떠나면 사람들이 자신의 '권위'를 알아주지 않을 것 같아서 불안해한다. 그에게 권위란 권력과 다르지 않다. 학교에서 그가 학생들에게 낙제점을 줄 수 있는 권력, 그 자체를 하나의 권위로 생각한다.

그는 또한 '고전어'도 모르는 무식한 그 누군가에게 무엇인가를 물어보는 것 자체가 자신의 권위와 관계된다고 생각하는 속물적인 인물이기도 하다. 이런 선생에게 학생들은 별명을 가지고 저항하는데, 예를 들면 "어딘가에서 냄새가 나는데..."라는 말을 통해서 그의 별명인 오물을 암시하는 방식이다. 물론 드물기는 하지만 대놓고 Unrat라고 말하는 학생들도 있다.

그의 권위적이고 속물적인 성격은 자신의 아들과의 관계에서도 나타난다. 그는 아들과 의절하고 사는데, 그 이유는 아들이 대학졸업 국가시험에 네 번이나 떨어졌고 게다가 단정하지 못하게 몇몇 여성과 만나는 것이 사람들의 눈에 띄었기 때문이다. 그는 자신보다 힘이 센 모든 '권력자'들에게는 열성을 다하지만 노동자들에게는 늘 불만을 말하면서 격분한다. 그가 진정 중요시 하는 것들은 영향력 있는 교회, 단단한 칼, 엄격한 복종, 그리

7) 학교에서 벌어지는 일은 운라트에게 인생의 중대사이자 현실이었다. 나태함은 쓸모없는 시민이 파멸하는 원인과도 같았고, 방심과 웃음은 국가권력에 대한 저항이었다. 딱총 하나가 혁명을 야기하고, 한번 해본 거짓말은 영원히 오명의 낙인이 되었다. 이런 일들이 있을 때면 운라트는 얼굴이 새파래졌다. 어떤 학생을 '골방'으로 보낼 때는 독재자가 된 것 같은 기분이었다. 『운라트 선생』, 모명숙, 15쪽.

고 완고한 예절 등이다. 교회를 중시하지만 그렇다고 신을 믿는 것은 아니다.

이런 완고하고 체면을 중시하는 선생이 우연히 사랑에 빠진다. 그것도 보통사람이 아니라 <푸른 천사>라는 술집에서 맨발로 춤을 추는 로자 프룈리히라는 댄서와 사랑에 빠지는 것이다. 그가 그녀를 처음 찾아간 것은 그의 한 제자가 그녀와 만나는 것을 알게 되었기 때문이다. 그들의 만남을 급습해서 제자를 벌주기 위한 목적으로 그녀를 찾아간 것이다. 하지만 술집에서 공연하는 그녀를 처음 본 순간, 그는 그녀가 로자가 아니기를 바란다. 왜냐하면 자신이 그녀와 담판을 벌이는 행동에 나서지 않았으면 하는 생각이 들었기 때문이다. 그녀의 공연에 환호하는 이들을 보면서 "주의를 기울이지도 않고 명료하게 생각하지도 않으며 오히려 도취되어 부끄러움도 두려움도 없이 가장 쓸데없는 하찮은 짓거리에 열중하는"(74쪽) 인간들이라고 경멸하지만, 다른 한편으로는 자신도 모르게 피가 뜨거워지는 것을 느끼면서 "자의식이 느슨해지기 시작"하는 것을 느낀다. 결국 공연이 끝났을 때 자신도 모르게 양손을 높이 들어 박수를 여러 번 친다. "분별없고 억제하기 정말 어려운 엄청난 욕구가 그를 덮쳤다. 두발로 동시에 바닥을 쾅 차고 싶어진 것이다."(75쪽)

그녀와 이야기하면서 그는 그녀가 다른 사람들과는 뭔가 다르다는 것을 느낀다. 보통 그가 만나는 이들은 모두 그에게 반항하거나 혹은 그의 엄한 감시를 받아 마땅한 그런 부류들이다. 보통 그들은 눈에 띄게 고분고분하거나 아니면 왠지 불손한 느낌이 들게 행동한다. 하지만 그녀는 당당하고 자신과 거의 동등한 권리를 갖고 있는 것처럼 행동한다. 자신이 교사라고 신분을 밝혔음에도 불구하고 그녀와 그녀의 동료들은 그를 특별하게 대하지 않는다. 이상하게도 이런 그들의 태도가 그에게는 따뜻하게 느껴진다. 그들의 무례가 나쁘게 생각되지 않고 그들의 불손함이 자연스럽게 용서된다. 그러면서 자신의 내부에서 긴장이 풀리는 것을 느낀다. 집으로 돌아가는 그에게 로자는, "내일 다시 오셔야해요, 아시겠어요? 그렇지 않으면 선생님의 제자들이 이곳에서 못된 짓을 할 거예요. 선생님의 생각도 같을걸요."(104쪽)라고 소리친다.

자연스럽게 그는 매일 <푸른 천사>로 출근을 하게 되고 로자와의 관계는 점점 더 깊어간다. 그녀의 분장실에 상주하면서 그녀의 화장하는 것을 돕기도 하고 옷을 갈아입는 것을 도와주기도하는 등 거의 비서역할을 하기 시작한다. 이 두 사람의 관계는 점차 상하 관계로 발전한다. 학교 안에서는 거의 독재자인 노교사 운라트가 젊은 술집 여배우에게는 쩔쩔매면서 시중을 든다. "여배우 프뢸리히는 그에게 때로는 조바심을 내고 때로는 친절하기도 했다. 그녀가 뜻밖에 갑자기 의식적으로 친절하게 굴면 그는 제정신이 아니었다.

그녀가 책망하면 오히려 훨씬 낭왕스러웠다"(164) 그녀가 자신을 봇살게 굴거나 혹은 그녀가 자신을 지배하듯이 하는 행동에서 그는 은근히 쾌감을 느낀다. 한번은 그녀가 그의 뺨을 때리고 난 후 손에 묻은 것을 보고 그가 화장을 한 것을 알게 된다. 놀라서 그녀는 "오, 당신 운라트"라 소리 지른다. 그런데 의외로 그는 행복해진다. 그녀가 자신을 별명으로 불렀는데도 전혀 화나지 않는다. 자신이 창피해하는 별명을 그녀가 알고서 크게 소리를 쳤는데도 그는 오히려 쾌감을 느낀다.

『운라트 선생』을 영화화한 『푸른천사』의 한 장면

이런 자신의 마음을 그 자신도 의아하게 생각한다. "여배우 프뢸리히가 그의 보잘것 없는 별명을 부르는 것이 어떻게 행복하겠는가? 하지만 그는 일단 행복했다. 게다가 깊이 생각할 수도 없었다. 그녀가 그에게 맥주를 가져오라고 시켰기 때문이다."(166쪽) 점차 그는 그녀의 종이 되어간다. 그에게 그녀는 더 이상 싸구려 술집의 여자배우가 아니다. 그녀는 이제 그에게 당당한 '예술가'가 된다.

술집에 드나들고 그녀와 그리고 그곳의 사람들과 교류하면서 그는 점차 변한다. 특히 그의 정치적 견해의 변화는 급격하다. 지금까지 그는 교회, 군사력, 엄격한 풍기 등등을 강조하는 보수적인 정당의 열렬한 지지자였다. 하지만 그는 이제 노동자들의 사회민주주의를 지지한다. "운라트가 깨달은 바에 따르면...엘리트 계급의 권력이야말로 깨져야 하는 힘이었다... 오늘 갑자기 그는 이 모든 것을 무너뜨리고, 하층민과 연대해 거만한 상류층에 맞서며, 하층민을 왕궁으로 불러들이고, 총체적인 무질서 상태에서 몇몇 사람들의 저항을 묻어버리겠다고 결심했다... 파괴하고 싶은 격한 욕망이 불타올랐다."(180-181쪽) 이런 급격한 변화는 그의 내면이 얼마나 허약한지 그리고 그가 얼마나 쉽게 주변 환경에 영향을 받는지를 보여준다.

젊은 여배우와의 사랑에 빠져서 술집 분장실에 매일 출근하는 노교사에 대한 소문은 온 마을에 퍼진다. 동료 교사들과 교장 선생님이 만류하지만 운라트는 눈 하나 깜빡하지 않고 자신의 길을 계속 간다. 동료 교사들이 그를 따돌리기 시작하고 결국 그는 학교에서 쫓겨난다. 운라트는 남들의 눈을 의식하지 않고 그녀와 결혼한다. 낭비가 심한 그녀의 씀씀이 때문에 그가 지금까지 모아두었던 재산은 몇 년 안에 바닥난다. 결국 그는 집에서 속물들의 허영을 채워줄 '고전어' 과외를 하는데, 이 과외 모임은 점차 술과 도박의 모임으로 변질되고 그의 집은 점차 요정으로 변한다. 집주인 여배우는 이 모임에 참가하는 이들과 적당히 재미를 보지만, "대단히 용의주도하게, 그것도 정식으로 결혼한 부인의 격식을 다 갖춰 밀회를" 한다.(314쪽)

그녀의 계속되는 일탈과 그녀의 거짓말을 그는 알고 있지만 대놓고 따지지 못한다. 기껏 한 사람과의 관계가 깊어지는 듯하면 "당신에게 제자 퐈르뵐렌을 추천할게. 당신의 관심을 - 누차 말하지만 - 제자 퐈르뵐렌에게 쏟아봐."(326쪽) 라고 말하는 정도였다. 그는 그녀의 '동업자'가 된다. 그녀는 자신이 벌이는 이 모든 일들에 운라트가 같이해 주는 것에 대해서, 그녀의 말을 빌리면 자신이 연출하는 이 '희극'에 그가 장단을 맞추고 그녀의 일탈들을 모른 채 해 주는 것에 대해 고마워한다. 이러한 그의 태도는 날마다 집에서 벌어지는 '영업'을 위해서도 크게 도움이 되는 일이기 때문이다. 운라트 자신은 모든 것을 포기한 채 가능하면 모르는 척 하려고 하지만, 점차 그의 내부에서는 원망과 증오가 차곡차곡 쌓이기 시작한다.

운라트가 상정할 수 있는 자기 부인의 최악의 일탈은 그의 제자이자 최대의 '라이벌' 로만과 그녀가 다시 만나는 것이다. 그런데 이 고통스러운 상상이 현실이 된다. 2년 만에 성공해 돌아온 로만과 그녀가 같이 있는 장면을 보게 된 것이다. "운라트는 이제 끝이라고 생각했다. 결국은 로만이 여배우 프뢸리히 곁에 앉아 있으니, 그의 모든 작업...행위가 쓸데없는 공연한 짓이라고 생각한 것이다."(358쪽) 운라트는 참지 못하고 뛰어 들어가서 그녀의 목을 조른다. 그녀의 목을 조르는데 이상하게도 자신의 목이 졸리는 듯한 느낌이 든다. 그는 힘이 빠져서 그는 손을 푼다. 그리고 옆에 있는 로만과 실갱이를 하다가 그의 손에 든 지갑을 낚아채 밖으로 뛰쳐나간다. "인간적인 애착과 격정이 고조"된 상태에서 그는 자신의 아내의 숨통을 끊으려 했고 로만의 지갑마저 강탈하는 죄를 범한 것이다. 결국 그는 체포되어 모든 동네 사람들의 조롱을 받으면서 마차에 실려 경찰에 끌려가면서 작품은 끝난다.

늦깎이로 시작한 노교사 운라트의 사랑은 그의 추락의 시발점이다. 이 사랑을 통해서 그의 허약한 내면과 위선의식 그리고 속물근성 등이 적나라하게 드러난다. 학교 내에서 그는 학생들에게 군림하는 폭군 혹은 독재자지만 젊은 애인 로자 앞에서는 분수도 모르고 세상 물정에 어두운 어리석은 노인일 뿐이다. 그녀는 종종 그를 폭력적으로 대하고 억압하는데, 이런 상황을 운라트는 은근히 즐긴다. 점차 그는 그녀의 충성스러운 하인이 된다. 동네 사람들의 수군거림, 그리고 동료들의 충고와 그 어떤 만류도 그를 이 상황에서 빠져나오게 하지 못한다. 결국 그는 모든 것을 잃고 범죄자로 추락하고 만다.

하인리히 만이 이 작품을 쓸 때 그의 나이는 30대 중반의 젊은 작가였다. 그는 운라트라는 인물을 통해서 당시 프로이센 사회의 경직성과 허위성, 그리고 당시 사회를 이끌어 나가던 기성세대에 만연한 속물근성을 신랄하게 풍자한다. 더 나아가서는 이러한 속물들이 이끄는 독일제국의 사회가 미래에 마주할 파국을 예언한다고도 볼 수도 있을 것이다.

4. 목숨을 거는 마지막 사랑
- 토마스 만의『베니스에서의 죽음』(1912년)

50세을 훨씬 전에 넘긴 작가 구스타프 아쉔바하는 어느 5월 공원을 산책하다가 멀리 서 있는 한 남자를 보게 된다. 이 사내의 외모는 이국적이고 먼 곳에서 온 사람 같은 인상을 풍긴다. 이 사내는 구스타프와 눈길이 마주치자 시선을 피하지 않고 호전적으로 그를 주시한다. 결국 구스타프가 시선을 피하고 돌아서서 발길을 계속한다. 이 사내와의 만남은 이상하게시리 그의 내면을 휘젓는다. 그의 내부에서 무엇인가가 솟아나는 것을 느끼는데, 그것은 “너무나 생명력 넘치고 신선한 것이지만 이미 오래전에 떨쳐버려서 잊혀진 것이었다.” 내면이 확장되는 느낌이 들게 하는 이 잊혀진 것은 과연 무엇일까? 그의 마음속에 어딘가로 여행을 떠나고픈 마음이 들게 만드는 이것의 정체는 과연 무엇인가?

자기 관리에 철저해서 한 번도 빈둥거리거나 혹은 방종하게 시간을 헛되이 보내지 않는 작가 구스타프는 여행을 떠난다. 여행을 떠나고픈 생각이 들었을 때 그의 마음속에 제일 먼저 떠오른 풍경은 열대의 늪지대, 습한 밀림, 풍성한 처녀림, 태곳적 원시의 세계 등등의 무질서한 것들이었다.

처음에 머문 곳은 아드리아해의 어느 섬이다. 그곳에서 일주일 정도 머무는데, 한적한 그곳의 분위기가 어째 마음에 들지 않는다. 뚜렷한 이유를 알지 못하지만 어쩐지 자신이 머물 곳이 아니라는 생각을 한다. 마침내 그는 그 이유를 알게 되는데 그곳이 “동화처럼 환상적인 일탈을 이룩하기”에 적합한 곳이 아니기 때문이었다. 그가 여행을 떠나면서 무의식적으로 마음에 담아 둔 것은 다름이 아니라 무질서한 것과 일탈이라는 것을 알게 된다. 이 생각에 미치자 그는 즉시 베니스를 향해 떠난다. 여행을 떠날 때 정확하게 알지 못했던 것, 즉 그의 마음속에서 꿈틀거렸던 생명력 넘치고 신선한 것, 하지만 오랫동안 포기 했던 것이 바로 '일탈'과 관계가 있다는 것을 그는 한적한 섬에서 알게 된 것이다.

베니스에서 그는 14세 정도의 한 소년을 알게 된다. 그리스 조각처럼 잘생긴 소년, "신적인 아름다움을" 가진 소년, "대리석으로 깎아놓은 듯한 에로스 신의 두상"과도 같은 생김새의 소년에게 그만 첫눈에 사랑에 빠진다.[8] "그래 정말이지 나를 기다린 것은 바다와 해변이 아니었구나. 네가 머물러 있는 동안 나도 여기에 머물러 있겠다"고 다짐한다.(457쪽)

처음에는 절대적인 아름다움을 가진 예술품을 대하는 듯한 사랑에 빠지지만 점차 그의 인간적인 면모를 보면서 그의 마음은 에로스적 사랑으로 변한다. 작가는 이러한 변화를 다음 구절과 같이 애매하게 묘사한다. "단지 바라보고 구경만 하게 되어 있던 자연의 귀중한 형상이 보다 더 많은 관심을 받을 만한 것으로 인식되었다...그 소년의 그렇지 않아도 아름다워서 의미심장한 모습에다가 새로운 면모를 부여해 주었으며, 그 면모로 말미암아

8) 잘 알려진 사실이지만 토마스 만은 동성애자였다. 하지만 그는 이러한 사실을 철저히 숨기고 살다가 죽었다. 하지만 죽은 후 20년이 지난 후에 개봉하라는 그의 일기 속에는 그의 동성애적 고백이 여러 군데 등장한다. 그는 자신의 성 정체성을 숨기기 위해서 아쉔바하가 소년에게 반하는 것의 원인이 절대적인 아름다움을 향한 예술가의 사랑으로 애매하게 처리한다. 하지만 이 사랑이 성적인 색채를 띄고 있다는 것은 여러 군데에 암시되어 나타난다.

아쉔바하는 자신의 나이를 진지하게 생각하게 되었다."(461쪽) 자신의 나이를 생각하게 만드는 이 "더 많은 관심을 받을 만한 것"이나 혹은 "새로운 면모"는 과연 무엇을 의미하는 것일까? 그것은 그가 내부에 깊숙이 숨기고 있던 자신의 동성애적 욕망 바로 그것이다.

초로의 작가가 14살 정도 되는 소년을 사랑하는 것이 얼마나 위험하고 부도덕한 것인지를 그는 잘 알고 있다. 게다가 동성애였다. 그는 어려운 결심을 한다. 그는 베니스를 떠나기로 결심을 한다. 이성의 명령에 따라서 그는 이 소년을 떠나기로 결심한 것이다.[9] 정신적인 애착에도 불구하고 육체적인 허약함 때문에 그곳을 떠나는 것이라고 자신의 행동에 정당성을 부여한다. 하지만 곧 자신이 내린 결정이 너무 경솔했다고 후회하면서도 결국에는 이 결정을 이행한다. 하지만 역에 도착한 그는 역무원이 실수로 그의 짐을 다른 곳으로 보냈다는 이야기를 듣는다. 그야말로 다시 돌아갈 수 있는 핑계를 찾던 그에게 너무나도 잘 된 일이었다. "믿을 수 없는 명랑한 기분이 그의 내심에서부터 거의 발작처럼 솟구쳐 그의 가슴을 마구 뒤흔들어 놓았다."(472쪽) 짐을 두고 떠날 수 없으니 짐이 돌아올 때까지 호텔에 머문다고 선언하고 호텔로 돌아온다.

이후 그는 마음껏 소년의 아름다움을 관찰하고 음미한다. "이 쭉 뻗은 완전히 젊은 육체에는 얼마나 훌륭한 규율과 명징한 사고가 표현되어 있는

9) 베니스를 떠나는 표면적 이유는 시로코 열풍 때문에 몸의 컨디션이 좋지 않다는 것이다. 하지만 이러한 '육체적 요인'은 이중 의미를 갖는다. 정신적인 애착에도 불구하고 육체적 능력 때문에 떠나는 것을 초로의 남자 아쉔바하에는 너무나도 굴욕적으로 받아들인다.

가!.. 엄격하고도 순수한 의지!" 이런 몰두가 얼마나 위험한가를 알고 베니스를 떠나려고 했던 아쉔바하였지만 이제는 더 이상 망설이거나 주저하지 않는다. 마음껏 즐기고 향유한다. "그것은 도취였다. 그리하여 그 늙어가는 예술가는 여러 생각할 것 없이, 아니 탐욕적으로 그 도취를 기꺼이 받아들였다."(480쪽)

아름다운 소년 타지오를 관찰하는 자신의 모습을 그는 파이드로스를 관찰하는 소크라테스와 비교한다. "한 늙수그레한 남자와 한 소년, 그러니까 한 추한 인간과 한 아름다운 사람, 다시 말해 사랑스런 아이를 대동한 현자의 모습이었다."(481) 지금까지의 구스타프의 삶은 모든 초점이 전적으로 그가 쓰는 작품과 연결되어 있었다. 자신의 기분, 음식, 수면, 혹은 자연까지도 작품과 연결시켜서 해석하고 조절하였다. 하지만 지금 그는 이 모든 것을 있는 그대로 감각적으로 만끽하고 있다. "이제 그는 태양과 한가로움 그리고 바닷바람이 날마다 그에게 안겨다 주는 모든 활력을 아낌없이, 비경제적으로 감각적인 도취 속으로 빠져들도록 내버려두는 것이었다."(487쪽)

체류한지 4주가 지날 때 쯤 베니스에 이상한 기운이 감돌기 시작한다. 당국에서는 쉬쉬하지만 베니스에 전염병이 돌기 시작한 것이다. 많은 여행객들이 조용히 떠나기 시작한다. 하지만 여행객들이 갑자기 떠날 것을 우려한 당국은 이 사실을 발표하지 않고 쉬쉬한다. 사랑에 빠진 아쉔바하는 당국이 얼버무리기식으로 처리하는 것에 은근히 만족하는데, 왜냐하면 타지오가 떠나버릴 수도 있다는 사실 이외에는 아무것도 걱정하지 않았기 때문이다.

전염병이 점점 더 확산되지만 그는 계속해서 타지오의 뒤를 쫓아다니면서 그를 관찰한다. 때때로 미소년이 고개를 돌려서 뒤를 쫓는 아쉔바하의 시선에 대답을 하면 그는 행복감에 몸을 떤다. "고독, 낯섦 그리고 노년의 깊은 도취에서 오는 행복감은 그를 고무시키고 그로 하여금 지극히 놀라운 행동을 아무 주저 없이 얼굴을 붉히지도 않고 하도록 설득했다."(499쪽) 여기에 나오는 '놀라운 행동'이란 어느 늦은 밤에 그가 타지오의 방문 앞에 서서 완전히 도취되어 그의 이마를 문의 손잡이에 기대서 한참동안 머무는 행동까지 하게 된 것을 말한다. 이러한 자신의 행동을 "허용될 수 없는 어떤 체험 속에 얽혀든 채, 너무나도 기묘한 감정의 방종에 빠져"서 한 행동이라고 표현한다. 여기서 말하는 허용될 수 없는 어떤 체험이란 동성애적 행위를 말하는 것이 분명하다. 이날 밤에 그는 꿈을 꾼다. 현실에서 불가능한 것이 꿈속에서는 적나라하게 나타난다. "숫염소의 몸에서 나는 역한 냄새, 헐떡이는 육체들이 내뿜는 숨결... 현혹, 모든 것을 마비시키는 정욕이 그를 사로잡았다.... 나무로 만든 거대하고 음탕한 상징물이 제막되어 높이 치켜세워졌다...그의 영혼은 파멸의 음탕과 광분을 맛보았다."(518쪽)

타지오의 눈에 띄기 위해서 아쉔바하는 점점 더 노골적으로 자신을 꾸미기 시작한다. 젊어보이도록 양복에 액세서리나 보석을 달고 향수를 뿌린다. "그를 매혹시킨 그 귀여운 소년과 얼굴을 마주칠 때면 그는 자신의 늙어가는 육체가 역겹게 생각되었다." 그리하여 이발소에 가서 화장을 하고 머리를 염색한다. 그리고 타지오의 뒤를 쫓아가면 이 소년은 이따금씩 고개를 돌려서 그의 시선에 대답을 한다. "그리고 자기 어깨 너머로 자기를 사랑하는 애인이 뒤따라오고 있는지 확인하기 위해 연한 회색의 독특한 눈으로

쳐다보곤 했다."(523쪽)

어느 날 몸이 불편한 아쉔바하는 늦게 바닷가로 나가다가 타지오 가족이 그날 오후에 떠난다는 말을 듣는다. 그가 남몰래 각오하고 있던 일이었다. 그는 모래 백사장에 한 가운데 의자에 앉아 아직 남아있는 서너 명의 친구들과 어울리고 있는 타지오를 바라본다. 아마도 타지오와의 마지막 날이 될 이날, 그는 멀리서 타지오를 지켜 보고 타지오는 몸을 돌려서 그를 쳐다본다. 이 시선을 느끼면서 점차 아쉔바하의 몸이 옆으로 쓰러진다. 그는 방으로 옮겨졌으나 그날 밤이 시작하기도 전에 사망한다.

초로의 작가 아쉔바하가 죽음을 무릅쓰면서 만끽했던 것은 그가 지금까지 비밀로 했던 것, 자기 내부에 깊이 가두어서 자기도 거의 잊고 지내던 것, 즉 자신의 성적 정체성과 관련이 있는 것이다. 아쉔바하는 모든 이들이 존경하는 작가이다. 그의 삶은 절제와 규율로 점철되어서 모든 사람들의 본보기가 될 정도이다. 그런 아쉔바하가 어느 날 도저히 참을 수 없는 알 수 없는 내적 충동에 사로잡히는데, 그것은 바로 일상을 벗어나서 어디론가 여행을 떠나고픈 충동이었다. 여행을 하면서 그는 이 충동이 바로 자신이 평생 가슴 속 깊이 밀어놓았던 비밀, 의도적으로 무시하고 지내던 자신의 동성애적 성향과 관계가 있다는 것을 알게 된다.

타지오를 만나면서 그는 이러한 자신의 내적 욕구를 충족시킬 기회를 갖는다. 하지만 이 일탈이 자신이 지금까지 쌓아온 작가로서의 명성 그리고 사회적인 존경심 등등 모든 것을 걸어야만 하는 위험한 행동이라는 것을 그는 안다. 예전에도 한번 그랬었듯이 그는 베니스를 떠나려고 결심한다. 하지만 뜻밖의 사고는 그에게 남을 수 있는 '명분'을 주고, 한번 시작된 그의 '일탈'은 걷잡을 수 없게 되어 결국에 그는 죽음까지도 감수하게 된다.

잘 알려진 것처럼 토마스 만은 동성연애자였으며, 이러한 사실을 그는 평생 숨기고 살다가 죽었다. 이러한 사실이 일기를 통해서 알려질 것을 우려한 그는 자신의 사후 20년이 지난 후에 일기를 공개할 것을 유언으로 남긴다. 아쉔바하는 작가 자신의 분신이라고 볼 수 있다. 현실에서 그가 이루지 못한 것을 그는 작품을 통해서, 아쉔바하를 통해서 이루고 있다. 이 작품을 쓸 때 토마스 만은 30대 후반이었다. 어쩌면 자신이 아쉔바하처럼 50세가 한참 넘은 나이가 되면 마음껏 감각적 도취에 취해서 죽는 것을 꿈꾸었을지도 모를 일이다.

5. 나가는 글

노인의 사랑에 대한 평가는 그다지 호의적이지 않다. 특히나 노인과 젊은 여자와의 사랑일 경우 훨씬 더 준엄한 도덕적 잣대를 들이대면서 비난을 한다. 그러한 이유는 이미 언급한대로 노인을 바라보는 사회의 시선과 관계있다. 노인은 사회의 어른으로서 젊은이들의 모범이 되도록 '절제'해야만 한다는 것이 일반적 의견이다. 이것은 노인 본인의 생각이나 처지 혹은 생리적인 욕구는 전혀 무시하고 사회적 기능만을, 그것도 젊은이들의 시각과 처지에서만 생각해서 내린 의견이다. 이런 견해에 의해서 노인의 사랑은 주책스러운 것이고 결국 사회의 웃음거리로 전락하고 만다. 위에서 소개한 두 번째의 사랑, 즉 운라트 교수의 사랑이 바로 그러한 예이다. 점잖은 노인의 사랑, 그것도 술집 여급과의 사랑은 결국 패가망신으로 끝나고 만다. 이런 견해를 생각하면 괴테의 사랑은 그야말로 파격이다. 일흔 살이 넘은 노인이 19세의 소녀에게 청혼을 하는 것은 그야말로 도덕적으로 비난받을 일이다. 하지만 본인의 입장에서 보면 그의 사랑은 절실하고도 애절한 것이다. 청혼은 용기가 필요한 행동이었다. 비록 거절당해서 낙담하기는 했지만 분명하게 자신의 처지, 즉 일흔 살이 넘은 그의 '남성성'을 객관적으로 파악한 계기가 아니었을까? 이후 그는 자신의 작품을 마무리 하는데 온 정열을 기울일 수 있었다. 아쉔바하의 사랑은 더 절절한 것이다. 평생을 숨기고 살았던 자신의 '욕망'을 처음 인정한 것이다. 예전에도 그는 그럴 기회가 있었지만 사회적 시선을 의식해서 도망쳤었다. 이 처음의 솔직함이 자신의 마지막 사랑이 되고 만다.

위에 소개한 3명의 노인의 사랑에 대한 사회적인 평가는 제각각일 수 있다. 하지만 사랑에 빠진 이 세 명의 노인들에게 이 사랑은 자신의 진정한 정체성 확인을 위한, 또는 지금까지와는 전혀 다른 새로운 삶에의 기회가 되는 것이기에 중요하고도 절실한 것이다. 그들의 입장에서는 남들이 뭐라 하던지 용기를 내서 잡을 가치가 있는 소중한 것이다.

김원한

톨스토이와 죽음(또는 노년)의 문제***

1.

레프 톨스토이는 평생 동안 죽음의 문제로 깊이 고뇌하였으며, 데뷔 작품인 『유년 시절』(Детство, 185 2)부터 사후에 발표된 『하지 무라트』(Хаджи−Мурат, 1912)에 이르기까지 소설과 희곡, 에세이 등 여러 장르의 작품에서 이를 다루었다.

톨스토이는 작가로서 죽음에 대한 관심을 작품으로 표현한 것이기도 하지만, 전기적 기록에서 그만의 특이한 작품 집필 배경을 추적할 수 있다. 어린 시절에 일찍이 경험하였던 부모의 때 이른 죽음과 성년기에 겪었던

*** 이 글은 다음의 졸고를 다시 풀어쓴 것임을 밝힌다. "레프 똘스또이 작품에서의 죽음의 주제: 소멸에서 영원으로", 노어노문학, 제14권 2호(2002), pp.139-159.

형들의 죽음, 결혼 후 잇따른 자식들의 죽음과 친척의 죽음 등 그의 주변에서 끊임없이 이어진 혈육들의 사망으로 인해 그는 깊은 상처를 받았다. 특히 1857년 첫 번째 유럽 여행 중 파리에서 목격하였던 단두대 처형 장면은 그 때까지 가슴에 품고 있었던 역사의 무조건적인 진보 가능성에 대한 믿음을 전면적으로 부정할 만큼 충격적인 사건이었다. 그가 전 생애에 걸쳐 작품에서 그토록 집요하게 죽음을 다루게 된 것은 작가의 주변에서 끊임없이 이어진 죽음으로 인한 공포와 삶에 대한 회의를 극복하기 위한 노력의 소산이었다.

그중에서도 그의 삶과 예술 세계를 전기와 후기로 나누는 이정표인 에세이 『참회록』(Исповедь, 1883-1884)은 1870년대 후반에 위기로 닥쳐왔던 삶의 가치에 대한 의혹을 철학적으로 풀어나간 성찰물인데, 이 또한 죽음의 공포로부터 벗어나려는 고통스런 시도에서 비롯된 글이다.

이 글에서는 톨스토이의 삶과 작품에서 가장 큰 주제 중의 하나인 죽음의 문제를 살펴보고자 한다. 우리는 『참회록』과 『인생론』(О жизни, 1886-1887)에서 죽음에 관한 톨스토이의 철학적 명상과 직접적 단언을 읽을 수 있지만, 그와 같은 죽음관이 작품에서는 어떻게 예술적으로 형상화되었을까? 또한 톨스토이의 죽음관과 기독교의 죽음 의식을 비교하여 봄으로써 그는 전통적인 기독교의 죽음관과 부활 믿음을 어떻게 수용하였는지를 알아보고자 한다.

2.

인간은 누구나 예외 없이 죽을 수밖에 없는 운명이지만, 죽음은 항상 타인의 것으로만 여기고 자신의 죽음에 대해서는 생각하는 것조차 두려워하고 회피한다. 톨스토이 또한 죽음을 두려워했다는 점에서는 평범한 인간이었지만, 죽음의 두려움으로부터 도피가 아닌 해방을 위하여 죽음을 인간 존재의 존재론적 탐구의 대상으로 삼고서 작품에서 치열하게 이를 파헤쳤다. 서구문학사에서 톨스토이만큼 죽음을 두려워했던 작가는 찾아보기 힘들며, 어려서부터 죽어가는 모습을 상상하고 죽음의 진상을 응시하며 극복하려고 노력했던 작가는 없을 것이라는 대만 출신의 철학자 부위훈의 평가는 타당한 것으로 여겨진다.

톨스토이는 카프카즈 지역의 카자크 마을에서 군인으로 복무하던 1852년에 발표하여 자신의 이름을 세상에 처음 알렸던 『유년 시절』에서 죽음의 문제를 다루면서 어린 나이에 처음으로 죽음을 대면하는 주인공 니콜렌카가 받게 되는 정신적인 충격과 공포에 초점을 맞추고 있다. 소설은 니콜렌카가 열 살이 되는 생일부터 어머니의 죽음에 이르는 6개월여의 기간과 그 후 몇 개월 후에 찾아온 나탈리야 사비쉬나의 죽음 묘사로 끝을 맺고 있다. 또한 제1장에서 주인공이 어머니가 사망하여 묻히는 꿈을 꾸었다는 거짓 핑계를 가정교사에게 댄 후 자신이 꾸며낸 거짓말이 불러일으킨 슬픔 때문에 눈물을 흘리는 부분(Ⅰ,12)[1]과 제5장에서 니콜렌카의 집에 찾아온 유로지브이(юродивый)인 그리샤가 니콜렌카의 형 볼로쟈의 머리를 잡고 앞으로 이 집안에 찾아올 비극적인 미래를 '오 가엾어라. 슬프다. 가버리다니!' (O-ох жалко! O-ох больно!..сердечные..улетят)(I ,25)라며 탄식조로 예견하는 부분은 죽음의 주제를 구축하고 있으므로 죽음은 이 작품의 지배적인 주제라고 볼 수 있다. 그렇다면 이 작품에서 죽음의 주제는 구체적으로 무엇을 제기하고 있는가?

1) 톨스토이 작품 인용은 전집의 권수와 쪽수로 표시한다.

니콜렌카는 의심할 바 없이 작가의 어린 시절 초상화이며, 톨스토이가 두 살이 되었을 때 사망하여 기억에도 남아 있지 않은 상상 속 어머니의 모습은 니콜렌카 어머니의 형상에 투영되어 있다.(Ⅰ,395) 그러므로 제2장 「엄마」에서 어머니는 '전체적인 윤곽이나 표정은 생각나지 않지만 사랑이 넘치는 눈을 지닌 온화하며 아름다운 모습'(Ⅰ,16)으로 묘사되어 제27장에서 어머니의 죽음 후 니콜렌카의 두 눈에 무섭게 다가오는(Ⅰ,95) 어머니의 시신과 극단적인 대조를 이룬다.

주인공인 니콜렌카에게 어린 시절 찾아온 이 작품의 가장 큰 사건인 어머니의 죽음과 충격적인 장례식 장면은 제26장 「시골에서 우리를 기다렸던 것」과 제27장 「슬픔」에서 죽음이 무엇인지 전혀 알지 못하는 어린이의 시선으로 묘사되는데, 이는 톨스토이가 선호하는 지각의 탈자동화인 '낯설게 하기'(остранение)[2] 기법으로서 그 결과 어머니의 죽음과 장례식은 한결 낯설고 생소한 것이 된다.

> 그러나 당연히 어머니의 얼굴이 있어야 할 곳에는 얼굴이 보이지 않고 누런 물체만이 어른거릴 뿐이었다. 그것이 어머니의 얼굴이라는 사실을 믿을 수가 없었다. 눈을 비비며 다시 들여다 보자, 낯익은 사랑스런 모습이 조금씩 조금씩 보이기 시

2) 형식주의자 슈끌로프스끼는 예술의 특성이 지각의 탈자동화 기법에 의하여 창조되는 것이라고 간주하였다. 이 기법을 '낯설게하기'라고 말하면서 그 예를 주로 톨스토이의 작품에서 찾아낸다. 대상을 이미 알고 있는 습관적이고 자동화된 방법으로 부르는 것이 아니라 마치 처음 본 것처럼 지칭하고 묘사하는 방법의 예를 『홀스또메르』『전쟁과 평화』『부활』『끄로이체르 소나타』 등에서 인용한다.
권철근·김희숙·이덕형, 『러시아 형식주의』(서울:한국외국어대학교출판부, 2001), 67-91쪽.

> 작했다. 이것이 어머니라고 믿게 되었을 때 무서워 몸을 떨었다. 움푹 꺼진 눈, 백짓장같이 창백한 얼굴과 그 위에 드문드문 솟아나온 검은 반점은 무엇일까?(제27장)(Ⅰ,95-96)

아련한 기억 속에 흐릿한 인상으로 남아 있는 어머니의 온화한 모습과 극단적인 대조를 이루는 결코 잊을 수 없는 어머니의 무서운 주검을 목도함으로써 죽음은 생명으로부터의 영원한 단절이며 그 사이에는 무서운 심연이 있음을 어린이는 무의식적으로 깨우치게 된다. 그렇지만 어머니의 죽음은 슬픔에서 끝나지 않고 죽음의 진실을 깨닫게 만든다.

> 불과 며칠 전까지만 해도 따스함과 아름다움으로 가득차서 내가 이 세상에서 가장 사랑했던 그 얼굴이 이제는 보는 사람에게 공포를 줄 수 있다고 생각해보니 나는 처음으로 쓰디쓴 진실을 깨달은 듯이 절망감으로 가득찼다.(제27장)(Ⅰ,99)

불과 10살의 어린 나이에 죽음의 진실을 깨달았다는 믿기 어려운 화자의 고백적 회상은 성년이 된 화자의 시각이 중첩되어 있으므로 가능했겠지만, 작가 톨스토이가 초기에 품었던 죽음에 대한 문제 의식이 무엇이었는가를 극명하게 보여준다. 그것은 다름 아닌 고통과 공포이다. 죽음은 살아있는 사람에게 공포를 불러일으킨다는 것이다. 문학은 죽음의 공포를 극복하려는 예술적 형식이며 『유년 시절』도 그 중의 하나이다.

『유년 시절』에서는 죽음의 공포가 관찰자의 것이었음에 반하여 죽음의 주제에 대한 작가의 점증하는 관심의 산물인 『세 죽음』(Три смерти, 1859)에서는 이후 톨스토이의 작품에서 되풀이되는 죽음을 앞둔 자의 고통이 묘사된다. 『이반 일리이치의 죽음』과 함께 죽음을 본격적인 주제로 다룬 이 작품은 제목이 말해주듯이 죽음을 세 가지 유형으로 단순화시키고 있다.

이 작품에서 죽음은 죽음의 수용 자세에 따라서 부정적인 죽음과 긍정적인 죽음, 그리고 이상적인 죽음으로 분류된다. 죽음의 수용을 거부하는 자세는 부정적인 죽음으로, 죽음을 자신의 것으로 인정하고 순순히 죽음의 도래를 받아들이는 자세는 긍정적인 죽음으로 유형화시킨다. 더 나아가 자연의 질서 내에서는 죽음 이후에라도 자신의 몸을 이루는 물질 형식은 변함이 없을 것임을 인식하고 즐거움으로 수용하는 자세야말로 가장 이상적인 죽음의 수용 자세임을 세 죽음의 예로써 형상화시킨다.

귀부인과 마부, 어린 나무의 죽음이 바로 그것인데, 죽음을 목전에 두고서도 끝까지 죽음을 두려워하며 거부하는 귀부인 쉬르킨스카야의 태도는 가난한 마부 흐베도르가 자신의 죽음을 자연스럽게 '나의 죽음'(смерть моя)(Ⅲ,65)이라고 부르며 순순히 맞이하는 태도와 대조되고 있다. 더 나아가 도끼질로 쓰러진 어린 나무가 수용하는 죽음은 자연의 일부분으로서 가장 이상적이며 장엄한 모습으로 그려진다.

> 나무는 온 몸을 떨고 숙인 후 놀라서 머뭇거리더니 곧 몸을 폈다. 순간 모든 것이 조용해지고 나무는 다시 몸을 숙였다. 나무 줄기에서 소리가 다시 들리더니 가지가 부러지고 떨어졌다. 나무 꼭대기는 축축한 땅 위로 내려 앉았다. 도끼 소리와 발자국 소리가 잠잠해졌다. 꾀꼬리가 휘파람 소리를 내며 하늘 높이 날아 올랐다. 새의 날개에 부딪친 나무가지가 잠시 흔들리더니 다른 나무가지들처럼 잎새가 잠잠해졌다. (Ⅲ,71)

죽음을 애써 피하려는 귀부인의 부정적인 태도에는 죽음에 대한 두려움과 공포가 감추어져 있다. 쉬르킨스카야 부인은 죽음이 자신에게 찾아오는 것을 피하고자 집을 떠난다. 남편과 의사는 물론이며 그녀를 수행하는 하녀와 여행 중에 들리는 역참의 소녀들도 그녀가 조만간 죽을 것임을 한눈에 알아차릴 정도로 죽음이 그녀에게 가까이 와있었지만, 정작 당사자인 부인은 집을 떠나 외국으로 건너가면 마치 죽음이 자신을 찾을 수 없다는 듯이 한사코 여행을 고집한다. 실상 쉬르킨스카야 부인은 자신이 곧 죽을 것임을 누구보다도 잘 인식하고는 있었지만 그 사실을 인정하지 않고 있음을 남편과의 대화 중에 무심코 내뱉은 '죽음'이라는 단어에 스스로 놀라 눈물을 흘리는 대목이 증명한다.

> 환자는 짜증을 내며 대답했다. "집에 있어 보았자 무슨 소용이에요? 집에서 죽으라고요?" 그러나 죽음이란 낱말에 그녀 스스로 놀라는 것 같았다. 그녀는 남편에게 애원하듯 미심쩍은 표정을 지어 보였다. (Ⅲ,63)

이처럼 귀부인은 자신이 곧 죽을 것임을 알고는 있지만, 이를 인정하지 않으려고 고집을 부리다가 막상 죽음을 머리에 떠올리자 두려움과 공포를 느낀다.

타인의 죽음 앞에서, 또한 자신에게 다가오는 죽음 때문에 일어나는 혐오와 공포는 인간으로서 매우 자연스러운 반응이며 새로운 현상도 아니다. 그러기에 죽음에 관한 사상사를 관통하는 하나의 큰 흐름이 있다면 그것은 죽음의 두려움으로부터 인간이 어떻게 해방될 수 있는가라는 문제이다.[3)]

그만큼 고대 철학에서부터 헤겔에 이르는 고전 형이상학에서 빼놓을 수 없는 주제인 죽음의 현상에서도 가장 중요한 문제는 공포로부터의 해방이라는 주제이다.

『유년 시절』에서는 가까운 이가 사망했을 때 체험한 본능적인 고통과 공포를 주관적인 일인칭 시점으로 서술하였다면, 『세 죽음』에서는 삼인칭 시점으로 죽음을 객관화 및 유형화시켰다. 『유년 시절』에서는 처음으로 죽음을 간접 경험하는 주인공이 등장한다면, 『세 죽음』에서는 주인공들이 죽음을 맞이하는 과정을 3가지 유형으로 분류하여 제시한다. 그리하여 『유년 시절』에서는 일인칭 화자인 어린 '나'의 제한적인 시각과 인식 능력의 한계로 인해 제

3) 조관홍, "죽음! 그 이해의 열린 지평을 위하여", 인문과학연구: 죽음에 관한 인문과학적 접근의 문제(부산: 동아대학교 인문과학대학 인문과학연구소, 1996), 11쪽.

대로 평가받지 못했던 어머니의 죽음과 하녀 사비쉬나의 죽음은 『세 죽음』에서 보여주는 죽음의 세 가지 평가 방법에 힘입어 재해석될 수 있다. 요컨대 니콜렌카 어머니의 죽음은 『세 죽음』의 마님의 죽음이라기보다는 마부의 긍정적인 죽음에 해당되며, 사비쉬나의 죽음은 어린 나무의 이상적인 죽음에 수렴한다. 주제의 연계, 인물의 병치라는 사실로 미루어 보더라도 톨스토이의 죽음 문제는 초기 작품인 『유년 시절』에서 단절되지 않고 다음 작품으로 이전되어 다루어졌음을 알게 된다.

1852년과 1859년에 각각 발표된 『유년 시절』과 『세 죽음』에서 드러나는 죽음에 대한 공포는 『안나 카레니나』(Анна Каренина, 1878)와 『이반 일리이치의 죽음』(Смерть Ивана Ильича, 1886)에서의 니콜라이 레빈과 이반 일리이치의 처절한 죽음 과정에 비하자면 아직까지는 미약한 시작 단계에 불과하다. 이 또한 작가의 전기적 사실과 깊은 관련을 가진다. 1870년대 후반기의 정신적 위기의 시기와 중첩되는 집필 시기(1873-1877) 작품인 『안나 카레니나』와 죽음의 고통에서 해방될 수 있는 통로를 모색한 『참회록』(1884) 이후의 작품인 『이반 일리이치의 죽음』에서는 작가의 죽음관이 이전 시기에 비하여 한층 심층적으로 체계화되었기 때문이다.

> 이제 나는 끊임없이 나를 죽음으로 이끌고 달려가는 낮과 밤을 목격하지 않을 수 없다. 나는 이것만 지켜보고 있다. 왜냐하면, 이것만이 유일한 진리이고 그 밖의 것은 모두 기만이기 때문이다. (중략) 나는 나를 기다리고 있는 것 앞에서 공포를 느꼈다. (중략) 나는 가만히 참을성 있게 종말을 기다리고 있을 수가 없었다.(『참회록』)(ⅩⅥ,119-120)

죽음으로 인한 톨스토이의 괴로움, 공포는 육체적 죽음에 대한 공포가 우선하였기 때문은 아니었다. 그는 인간의 삶이 질병이나 폭력, 혹은 시간의 약탈로 인하여 돌이킬 수 없는 소멸의 상태로 빠져드는 운명에 대하여 절망한 것이다. 하지만 톨스토이는 자신의 종말을 잠잠히 기다리는 대신에 논리적인 이성의 힘에 의존하여 글쓰기를 함으로써 『참회록』을 이끌어 내고 죽음의 고통으로부터 벗어나 삶의 새로운 가치에 눈뜨게 된다. 『참회록』의 문제 의식을 가지고 있던 시기에 소설의 후반부가 집필된 『안나 카레니나』에서 톨스토이의 방황과 해답의 일부분을 우리가 읽을 수 있음은 지극히 당연한 일이며, 『이반 일리이치의 죽음』에서 인간의 죽음에 관한 모든 과정을 읽을 수 있음은 작가의 죽음관이 『참회록』을 쓰는 동안 논리적으로 완결되었다는[4] 사실에 비추어 보면 쉽게 이해될 수 있다.

『안나 카레니나』에서는 가장 중요한 죽음 사건인 안나 카레니나의 자살 이외에도 철도원의 사고사, 콘스탄틴 레빈의 형인 니콜라이 레빈의 죽음, 브론스키의 권총 자살 기도, 브론스키가 아끼던 경주마의 죽음 등이 등장한다. 이 중에서도 죽음의 고통이라는 구체적인 문제를 제기하는 것은 죽음에 이르는 과정이 낱낱이 파헤쳐지는 니콜라이 레빈의 임종과정(제Ⅴ편 17,18,19,20장)이다.

작가는 지방의 초라한 여관방에서 10여일 동안 전개되는 죽음에 이르는

4) 『참회록』의 마지막 문장은 저자가 품고 있던 문제와 회의가 해결되었음을 말해준다. '모든 것이 내게 명백해졌으므로 기쁘고 인정이 되었다. 그리고 누군가가 내게 말하는 듯 했다. 조심하여라, 잊어서는 안 된다. 그리고 나는 잠에서 깼다.'(ⅩⅥ,165)

과정에서 당사자인 니콜라이 레빈과 이를 지켜보는 콘스탄틴 레빈, 키치, 마리야 니콜라예브나 사이의 미묘한 심리 흐름을 뚜렷하게 묘사한다. 이는 『세 죽음』에서 귀부인의 죽음 과정 동안 주변 인물들이 겪는 고통과 갈등을 한층 심화시킨 것이며 이후에 쓰이는 『이반 일리이치의 죽음』을 예견케 하는 전주곡이기도 하다. 각각의 세 작품에서 죽음을 앞둔 환자들은 자신의 죽음을 거부하고 이를 지켜보는 인물들은 자신들이 옆에서 겪는 정신적인 고통으로 인해 하루 빨리 환자가 죽어주기를 바라기까지 된다는 점에서 세 작품은 동일선상에 놓인다. 콘스탄틴 레빈과 키치도 결국에는 니콜라이 레빈이 죽기를 바라게 되기 때문이다.

> 누구 하나, 아우도 키치도 그를 달랠 수는 없었다. 그는 모든 사람에게 화를 냈고 모든 사람에게 불쾌하게 이야기했고 자신의 괴로움에 대해 모든 사람을 꾸짖고, 그리고 모스크바에서 유명한 의사를 불러다 달라고 요구했다. (중략) 이제는 그를 본 사람이면 누구나, 여관 급사도 그 주인도 묵고 있는 손님들도 의사도 마리야 니콜라예브나도 레빈도 키치도 모두 그의 죽음을 바라는 마음이 되었다. 다만 한 사람, 병자만이 이러한 느낌을 나타내지 않았을 뿐만 아니라 오히려 의사를 불러 주지 않는다고 화를 내기도 하고 약을 계속 열심히 먹기도 하고 삶에 대해 이야기하기도 했다.(『안나 카레니나』 제Ⅴ편20장)(Ⅸ,78-79)

『세 죽음』이 설정하는 세 가지 유형에 비추어보면 니콜라이 레빈은 죽음 수용을 거부하는 귀부인의 죽음 유형에 해당한다. 두 인물의 유사한 상황 설정도 니콜라이 레빈과 귀부인의 죽음 유형의 동일성을 공고히 한다. 똑같이 폐병으로 사망한다는 점과 건강한 가족을 원망하고 괴롭히며 자신이 죽을 것을 알고는 있지만 이를 끝까지 부정하며 치료약과 의사의 왕진을 강요한다는 점에서 일치한다. 또한 환자를 간호하면서 육체적이며 정신적인 고통을 겪는 가족과 임종 직전 성유성사를 주는 사제가 등장하는 상황 설정도 매우 흡사하다. 하지만 귀부인이 자신의 죽음을 거부하다가 끝내 수용할 수밖에 없었음에 비하여 니콜라이는 죽음의 도래를 죽는 순간까지 인정하지 않는다. 그러므로 니콜라이는 부정적인 죽음의 유형에 속하면서도 귀부인보다 한층 더 부정적이다.

> "돌아가셨습니다." 사제는 이렇게 말하고 나가려고 하였다. 그러나 갑자기 착 달라붙어 있는 것 같던 죽은 사람의 콧수염이 약간 움직이고 정적 속에 또렷이 가슴 속에서 짜낸 것 같은 똑똑하고 날카로운 목소리가 울렸다. "아직은 아니야, 조금 더 있다가" (『안나 카레니나』제Ⅴ편20장)(Ⅸ,81)

쉬르킨스카야 부인과 니콜라이 레빈과 같은 유한자로서의 인간이 피할 길 없는 죽음으로 인한 고통과 공포에서 벗어나는 길은 없는 것인가? 우리는 그 답을 이미 초기 작품 『유년시절』과 『세 죽음』에서 읽을 수 있었다. 그러나 나탈리야 사비쉬나의 죽음과 어린 나무의 죽음과 같은 긍정적이며 이상적인 죽음의 예에서는 고통과 공포가 처음부터 결여되어 있다. 죽음 앞에서 전혀 망설이지 않고 순순히 죽음을 받아들이는 이들의 자세에서는 저항이라고는 알지 못하며 또 그렇게 할 수밖에 없는 이상적인 기독교인의 자세와 고통과 공포라고는 애당초 알지 못하는 무의식적 존재인 나무의 반응만을 읽게 된다. 그렇다면 죽음 앞에서 고통스러워하는 유한자로서 평범한 인간이 고통과 공포에서 벗어날 수는 없는 것인가. 그 답은 『이반 일리이치의 죽음』에서 발견할 수 있다.

『이반 일리이치의 죽음』(Смерть Ивана Ильича, 1886)이야말로 톨스토이의 총체적인 죽음관을 보여주는 소설임은 물론이거니와 죽음을 연구하는 학문 분야에서도 빈번하게 인용되는 문학 작품이다. 예컨대 철학자 마르틴 하이데거는 『존재와 시간』의 인간과 죽음을 다루는 장에서 짧게나마 이 작품을 언급하고[5] 있으며, 대만 출신의 철학자인 부위훈(傅偉勳)도 죽음을 연구하는 자신의 저서에서 하나의 장을 할애하여 톨스토이의 이 작품을 분석한다. 부위훈은 사망 문학의 백미인 이 작품은 지금으로부터 100여년 전에 이미 사망학 및 임종 정신의학과 정신 치료학을 계발하였고 하이데거의 죽음에 대한 실존적 분석에 많은 영향을 끼친 작품이라고 격찬하기도 하지만, 한편으로는 이반 일리이치처럼 평소에 인생에 대해 조금도 관심을 기울이지 않던 사람이 죽기 불과 두 세 시간 전에 홀연히 광명을 발견하고 죽음을 받아들인다는 것은 지나칠 정도로 부자연스럽다는 비판을 가하기도 한다. 그러나 그의 과거와 현재를 꼼꼼히 추적해보면 그는 매우 평범한 인물이며 자신의 죽음을 결코 수월하게 수용하지 않았음을 알게 된다.

1882년에 사망하는 것으로 소개되는 이반 일리이치는 당시 러시아 관료 사회의 전형적인 인물이다. 그는 법률학교를 우수한 성적으로 졸업한 귀족 출신의 관료로, 결혼하기 전에는 몇몇 귀부인들과 관계를 가졌지만 막상

5) 마르틴 하이데거, 『존재와 시간』, 소광희 역, 서울:경문사, 1995, 364쪽.

결혼할 때가 되자 자신의 출세길에 도움이 되는 집안 출신의 아가씨를 결혼 상대로 선택하였다. 그는 결혼 후 아이들을 낳고 기르는 과정에서 부부간의 거리는 점점 멀어지게 되는 19세기 러시아 관료 사회에서 흔히 마주칠 수 있는 이기적인 남성으로, '가볍고 기분 좋고 즐거우며 고상한 삶'(XII,67)을 추구하는 성공한 관료의 전형으로 그려진다. 이처럼 그의 이기심과 안정된 삶에의 욕구는 동시대의 같은 부류의 사람들과는 별다른 차이가 나지 않는 평균적인 것이기에, 평범한 그가 죽음을 앞두고 겪은 격심한 고통에 대해 독자의 입장에서 동정을 표하면서 현실을 있는 그대로 반영하지 않았다는 의문 섞인 항의는 이해할 수 있다.

하지만 톨스토이는 외적인 단순함과 분명함을 독창성과 예술적 완성도와 결합시킨 뛰어난 이 작품에서 이반 일리이치가 겪는 고통, 그를 대하는 사람들의 태도, 이를 표현하는 기법들을 나무랄 데 없는 논리에 따라 서술하고 있다. 그것은 이반 일리이치의 정신적이며 육체적인 고통, 외로움, 공포, 죽음은 그가 그 때까지 즐겁게 누려왔던 적당한 삶에 대한 대가라는 논리이다. 결혼의 동기가 되는 이기적인 타산성과 출산 이후 아내에게 강요한 공식적인 소원한 관계가 그녀에게 주었던 정신적인 고통은 죽음을 앞두고 고스란히 되돌려 받게 된다. 두 사람은 서로가 서로에게 당한 만큼 되돌려 주고받는다. 이반 일리이치의 정신적이며 육체적인 고통은 아내와 딸의 행복에 정확히 정비례한다. 평범한 관료의 평범한 삶에 무서운 함정이 도사리고 있었음을 죽음의 과정을 통해 치밀하게 드러낸다. 이 작품이 톨스토이의 예술이 달성한 최고의 업적 중의 하나로 평가받는 까닭이 여기에 있다. 평범한 주인공의 비극이 결코 피할 수 없는 것으로서 소위 지식인 계층의 이기적인 삶의 흔적으로 그려지기 때문이다.

죽음은 뒤에 남겨지는 인물들에게는 삶의 의미를 반추하는 기회를 제공해준다. 어머니와 하녀 사비쉬나의 죽음을 보고 듣는 『유년 시절』의 어린 니콜렌카는 죽음의 공포에 휩싸여 아직까지는 삶의 의미를 되짚어 보지는 못하지만, 형의 죽음을 지켜본 『안나 카레니나』의 레빈은 소설의 대단원 제8편에 이르러 마침내 죽음과 삶의 의미, 신의 존재를 각성하게 된다. 레빈의 진리 체험은 순간에 발생한 사건이 아니라 삶과 죽음, 신에 대한 끝없는 탐구의 결실임을 오랜 시간동안의 방황이 증명해준다.

레빈의 각성이 궁극적으로 신의 존재로 귀결되는 종교적 깨달음이라면, 이반 일리이치가 죽음의 문턱을 넘어가는 그 순간 빛을 보았다는 화자 서술은 죽음의 공포로부터 벗어남이자 삶과 죽음의 의미를 뒤늦게나마 깨달았음을 상징적으로 보여주는 사건이다.

그렇다면 죽음의 고통과 공포로부터 벗어나고자 몸부림쳐왔던 이반 일리이치가 얻었던 깨달음은 무엇이던가? 그의 과거 삶이 평범하기도 하였지만 끔찍한 것이었던 만큼 마지막 순간에 홀연히 죽음에 순응함은 이해하기 힘들다는 부위훈의 비판은 다시 한 번 검토되어야만 한다. 왜냐하면 그가 곧 죽을 운명임을 인식한 후 고통 속에서 생존한 4개월 동안 줄곧 생각한 것은 육체의 고통과 죽음의 공포였기 때문이다. 마지막 순간 그가 깨우친 각성은 우연이 아니라 『안나 카레니나』의 콘스탄틴 레빈의 경우처럼 오랜 시간에 걸친 고통 속에서 마침내 온몸으로 터득한 결실이다.

앞선 작품들에서 죽음을 맞이하는 인물들은 한결 같이 하나의 전형적인 유형으로서 긍정적이든 부정적이든 간에 변화되지 않는 평면적인 인물로 묘사되었지만, 이 작품의 주인공 이반 일리이치는 비록 한편에서는 설득력이 떨어진다는 비판을 당하기도 하지만 죽음을 수용하는 자세가 시간의 전개에 따라 변화됨을[6] 보여준다. 요컨대 평범한 인물로서 그가 보여주는 부정적인 죽음 수용 유형에서 긍정적인 것으로의 극적인 전환은 고통으로 괴로워하던 오랜 시간 동안 전개된 몇 단계의 변화 양상이 있었기에 가능한 것이었다.

> 그는 오랫동안 친숙해진 죽음의 공포를 찾았으나 찾아낼 수가 없었다. 죽음은 어디에 있는가? 죽음이란 어떤 것인가? 두려워할 것은 하나도 없다. 죽음이란 것은 없으니까. 죽음 대신에 빛이 있었다. “아, 이거다!” 하고 그는 소리를 내어 말했다. “아, 참으로 기쁘다!”’(『이반 일리이치의 죽음』)(Ⅻ,107)

『이반 일리이치의 죽음』의 철학적 해설서인 『인생론』에서는 죽음에 대하여 철저히 논리적인 해석을 내리는데, 그 결론이 이반 일리이치가 죽음 직전 맞이하는 환희와 일치함이 흥미롭다. 톨스토이는 『인생론』에서도 ‘죽

6) 죽음을 맞이하는 사람들의 심리 변화를 연구한 엘리사벳 퀴블러로스의 『인간의 죽음』에서는 변화의 단계를 5단계로 구분하였다. 1단계: 부정과 고립, 2단계: 분노, 3단계: 타협, 4단계: 우울, 5단계: 순응이 바로 그것인데, 이를 이반 일리이치의 변화 단계와 비교하여 보는 작업은 그의 심리 변화를 명확히 구분할 수 있기에 흥미롭다. 이반 일리이치의 경우에는 제1단계는 처음 발병 후 1-2개월이 지난 후에 보여진다. 죽음의 공포와 함께 찾아오는 부정과 고립은 건강한 가족들에 대한 분노로 이어지며, 자신이 죽을 것을 깨닫지만 죽음에 대한 생각을 없애기 위해 직장에 나가는 타협의 단계도 보여준다. 사람들로부터 위안과 동정을 얻고 싶어하는 이반 일리이치의 심리는 사람들과의 대화를 요구하는 우울의 단계(퀴블러로스가 분류하는 우울의 첫 번째 단계)이며, 죽음 직전에 빛을 발견하는 순간은 순응의 단계에 해당한다. 하지만 이반 일리이치는 ‘죽음은 없다’라는 톨스토이의 완성된 죽음관을 드러내므로 톨스토이가 평가하는 부정적인 죽음 수용 자세에서 긍정적인 자세로의 변화를 보여준다.

음은 없다'(제27장)라고 단언한다. 그는 여기서 죽음을 육체와 의식, 인간관계로 나누어 고찰하면서 육체는 또 다른 형태의 물질로 전환되어 영원히 지속될 것이기에 인간에게 육체적 죽음이란 존재하지 않는다고 강변한다. 『세 죽음』에서 어린 나무가 베어진 다음 아름다운 숲의 풍경이 밝게 묘사되는 것은 나무는 비록 베어졌지만 또 다른 형태로 변형되어 지상에서 영원히 존재할 것이기에 죽음은 소멸이 아니라 단지 자연의 순환질서 내에서의 변형임을 말함과 동일하다. 톨스토이의 창작 시기에서 후기에 들어가는 『이반 일리이치의 죽음』의 죽음 의식이 초기 작품과 맞닿아 있다고 보인다.

> 새들은 숲에서 날아다녔으며 마치 길을 잃은 것처럼 무언가 즐거운 노래를 불러대었다. 수액으로 가득찬 잎들은 즐겁고 조용하게 나무 꼭대기에서 살랑거렸다. 살아 있는 가지들은 죽어 쓰러진 나무 위에서 천천히 위엄있게 살랑거리기 시작하였다. (『세 죽음』)(Ⅲ,71)

나무는 베어지더라도 무덤 앞 십자가로 만들어져 자연의 순환 질서 안에서 나무의 존재를 이어가듯이 인간의 경우 육체는 물론이거니와 의식도 소멸하지 않을 것이며, 죽음 이후에도 인간과 인간의 관계는 한층 강화되어 지속될 것이기 때문에 죽음이란 없다고 톨스토이는 단언한다.

이반 일리이치가 삶과 죽음의 경계에서 깨우친 것이 바로 이와 같은 톨스토이의 죽음관이다. 자의식이 없는 나무나 확고한 종교적 믿음을 가진 나탈리야 사비쉬나와는 달리 지극히 평범한 인물인 이반 일리이치가 죽음의 고통과 공포에서 몸부림치다가 이를 이겨낼 수 있었던 까닭은 '죽음은 없다'라는 톨스토이식의 죽음관을 깨달았기 때문이다.

3.

톨스토이의 기독교관이 종교의 모든 신비적인 요소를 벗겨낸 현실주의적이며 이교도적인 성격을 띠고 있음을 스타이너가 여러 차례에 걸쳐 지적한 바 있지만, 죽음을 수용하는 톨스토이의 인식에서도 동일한 궤적은 발견된다.

톨스토이 소설에서는 물론이거니와 『참회록』과 『인생론』과 같은 그의 철학적인 에세이에서도 인간이 죽음을 마주 대하고 수용하는 때까지만 서술 대상으로 삼을 뿐, 기독교에서 주된 관심이 되는 죽음 이후 부활의 세계는 서술 대상도, 관심의 대상도 되지 않는다. 그가 죽음을 풀이하는 방법은 철저하게 이성적이자 논리적이며, 그가 죽음의 공포를 극복하고 『참회록』을 집필하게 되는 힘도 신비주의적인 요소가 제거된 이성적인 논리로 무장된 이교도적 기독교에 근거한 것이다.

우리는 그 예를 『세 죽음』의 어린 나무의 죽음에서 확인할 수 있었으며, 『카자키』(Казаки, 1863)에서는 사후 세계를 부정하는 가자크인 예로쉬카 노인과 『안나 카레니나』에서 니콜라이 레빈의 죽음, 콘스탄틴 레빈의 각성 과정에서 재확인하게 된다.

무엇보다도『이반 일리이치의 죽음』에서 주인공이 자신의 죽음을 순순히 받아들이는 마지막 장면에 이르게 되면 이교도적 기독교의 성격을 지닌 톨스토이의 죽음관이 선명히 밝혀진다. 그가 죽음의 순간을 빛으로 인식한다는 화자 서술은 마침내 육체적인 고통이 종결되어 비록 찰나지만 육신이 평안해졌기 때문이라고 해석될 수도 있지만, 자기 육체의 일부분인 어린 아들이 자신의 죽음 이후에도 존재할 것이라는 데서 오는 정신적 위안과 삶을 육체의 이기적인 쾌락을 위해 소진한 이반 일리이치에게도 그 동안 상실되었던 가족 관계와 인간관계가 마지막 순간에 복원되어 얻은 정신적 위안 때문이라고 해석할 수 있다.

> 이때였다. 이반 일리이치가 구멍 속으로 빠져 들어가서 거기에서 광명을 발견한 것은. 자기의 생활은 잘못되어 있었다. 그렇지만 아직도 이것을 시정할 수는 있다는 생각이 그에게 계시되었던 것이다. 진짜 일이란 어떤 것일까, 하고 그는 자문하고는 갑자기 조용히 귀를 기울였다. 그러자 누군가가 자기의 손에 키스하고 있는 것만 같았다. 그는 눈을 뜨고 자기 아들의 모습을 발견했다. 아이가 불쌍해졌다. (Ⅻ,106-107)

그렇지만 무엇보다도 그에게는 죽음이란 더 이상 존재하지 않게 되었기에 죽음에 순응하게 되며 죽음의 순간을 빛으로 인식하게 된다(Ⅻ,107).『인생론』에서 강조하였듯이 죽음으로도 사람과 사람의 관계는 결코 상실되지 않을 것이라는 믿음을 이반 일리이치도 깨닫게 됨으로써 그는 죽음을 소멸로써 인식하지 않게 된다.

이와 같은 이반 일리이치의 죽음 수용은 기독교의 신앙인 부활에의 확신으로 생긴 것은 결코 아니다. 이반 일리이치가 죽음에 순응한 것은 부활에의 믿음과 기대를 가졌기 때문이 아니라 죽음 이후에도 육체와 인식, 인간관계의 소멸은 결코 일어나지 않을 것이라는 확신을 가지게 되었기 때문이며, 그 결과 그는 죽음의 순간을 빛으로 받아들이게 된다.

이처럼 죽음 그 자체를 부정하는 톨스토이식의 죽음관은 전통적인 기독교의 죽음관과는 균열되어 있음을 확인하게 된다. 교회와의 불화는 1879년 이후 일어난 것이지만 죽음과 부활에 대한 톨스토이의 의식과 교회의 교리를 비교해 보자면 초기에서 이미 그 싹을 찾을 수 있다. 이런 의미에서 1880년 이전의 톨스토이와 그 이후의 톨스토이에서 일체성을 찾을 수 있다는 여러 비평가들의 주장은 증명된다.

『유년 시절』(1852)의 죽음관에서는 기독교의 믿음을 아무런 회의 없이 간직한 두 인물의 죽음을 읽을 수 있고 이들에게서 긍정적이며 더 나아가 이상적인 죽음의 원형을 찾을 수 있지만, 『세 죽음』(1859) 이후의 작품들에서는 이미 전통적인 기독교의 죽음관과 부활에의 믿음에서 탈피함을 찾을 수 있다. 소멸로서의 죽음을 부정한다는 점에서는 기독교의 죽음관과 접점을 형성하지만 죽음 이후 부활은 고려치 않는다는 점 때문이다. 특히 사망문학의 백미인 『이반 일리이치의 죽음』에서는 소멸로서의 죽음을 부정하는 대신 죽음 이후에도 육체와 의식, 인간관계는 다른 형태로서 영원히 지속될 것임을 믿고 빛을 찾은 이반 일리이치의 긍정적인 죽음관을 통해 기독교의 죽음관과 부활 믿음에서 벗어난 톨스토이의 죽음관을 다시 한 번 뚜렷하게 마주 대하게 된다.

고봉만

몽테뉴, 죽음으로 삶을 성찰하다

르네상스는 '인간성의 재발견'을 화두로 삼아 중세를 극복하고 유럽 문화의 근대화에 사상적 원류가 되었기에 그 시기에 활동한 사람들의 이름과 작품만 놓고 보면 마치 그때가 인류 문화의 절정기처럼 보일지도 모른다. 하지만 역설적으로 그 당시는 증오와 잔혹, 살육과 파괴가 최고조에 달한 시기이기도 했다. 지리상의 발견, 종교 개혁과 인쇄술의 발명으로 기존의 관념이 송두리째 흔들린 시대이기도 했지만 셰익스피어의 표현을 빌리자면, "소리와 분노로 가득 찼으나, 아무 의미도 없는."(「맥베스」 5막 5장) 시대이기도 했던 것이다.

미셸 드 몽테뉴(Michel Eyquem de Montaigne, 1533~1592)가 『수상록』(원제 『에세*Les Essais*』)을 쓰기 시작한 1572년 여름에는 '성 바르톨로메오 축일의 학살' 사건이 일어났다. 파리에서 약 3,000명의 신교도가 죽었고, 전국적으로 구교도 손에 학살당한 신교도 희생자 수가 1만 명에서 3만 명에 이르렀다. 프랑스에서 벌어진 종교 전쟁과 같은 분쟁과 학살은 유럽 전역에 만연하였다.

몽테뉴는 "혼란스럽고 병든" 시대에서 벗어나기 위해 맡고 있던 고등법원 심의관직을 가까운 친구에게 양도(1570년 7월 23일)하고, 이듬해 초쯤 보르도 근처에 위치한 몽테뉴 영지의 성으로 돌아온다. 아버지가 건립한 성에는 커다랗고 둥근, 16세기 양식의 탑이 있었다. 그 탑의 3층에 몽테뉴의 서재가 있었다. 1571년 2월 28일, 자신의 생일에 몽테뉴는 서재 옆방의 난로 위 벽에 라틴어로 은퇴사를 적어 두었다.

> "서력기원 1571년 3월 초하루 전날, 미셸 드 몽테뉴는 서른여덟 번째 생일을 맞이하여, 이미 오래전부터 고등법원에서의 굴종과 공직의 부담에 염증을 느껴 왔기에, 아직 원기가 왕성할 때, 그리 많이 남지 않은 생을 박식한 처녀 학자의 품에서 아무 근심 없이 평온하게 보내기 위해 이곳에 은거하였다. 원컨대 운명이 그로 하여금 조상 대대로 안락한 은신처였던 이곳을 수리하고, 그리하여 자유와 평온과 여가를 향유할 수 있게 해 주기 바란다."

몽테뉴는 이 구석진 탑에서 대부분의 시간을 보내며 책을 읽고 명상을 하고, 집필을 했다. "공적 삶이나 사회, 직장에서는 진정한 자신으로 살 수" 없기 때문에, 조용히 살면서 정신을 성숙하게 하고, "고독과 명상과 독서 속에서 온전한 자신을" 되찾기 위해 은퇴를 한 것이다.

은퇴 후에 몽테뉴가 천착했던 주제 가운데 하나는 '늙음'과 '죽음'의 문제였다. 늙음의 과정은 누구나 거치는 것이라는데, 늙는다는 것을 과연 어떻게 받아들여야 할까? 노년에 가져야 할 것과 버려야 할 것은 무엇인가? 나이를 먹을수록 뜻대로 되는 게 없고, 몸이 예전 같지 않다. 노화와 질병의 고통 앞에서 우리가 가져야 할 태도는 무엇인가?

사람들은 대부분 나이가 들면서 두려움을 느낀다. 이러한 두려움의 원인은 바로 '죽음' 때문일 것이다. 죽음을 어떻게 이해할 것인가? 삶을 방해하고 위축시키는 죽음에 대한 두려움을 극복할 최선의 방법은 무엇인가?

인간은 나이가 들면 늙게 마련이고 늙게 되면 죽는 것이 당연한 이치이다. 태어나는 모든 것은 자라면서 늙어 가고 언젠가 죽을 수밖에 없다.(몽테뉴는 노화의 과정은 우리에게 서서히 죽음을 준비하도록 한다고 말한다.) 그렇다면 죽음에 대하여 어떻게 대처하는 것이 올바른 자세일까? 몽테뉴는 고대 로마의 정치가이자 철학자 키케로(Marcus Tullius Cicero, B.C. 106~B.C. 43)를 출발점으로 삼아 이 질문들에 대하여 다양한 답을 찾고, 자신이 쓴 글을 통해 늙음과 죽음 앞에 선 인간의 사고방식과 행동 방식을 분석하고, 동시에 인간다움의 조건에 대해 독자 스스로 성찰하도록 유도한다.

1. 나이 듦을 어떻게 받아들일 것인가?

몽테뉴는 그 스스로 마흔이라는 젊은 나이 때부터 "노년의 길"에 접어들었다고 생각했다. 서른 살 이후 정신과 육체가 퇴보만을 거듭해 왔다고 생각한 사람에게 그것은 그리 놀라운 일이 아니었다.

LE SEIGNEVR DE MONTAIGNE

> "내 정신과 육체는 서른 살 이후부터 성장보다는 퇴보만을 거듭해 왔다. 시간을 잘 사용하는 사람들의 경우 지식과 경험은 나이와 더불어 증가할 수도 있겠지만 활기·민첩성·강건함 등 중요하고 본질적인 특성들은 나이와 더불어 시들고 쇠퇴해 간다."

몽테뉴는 서른아홉이 되기 직전, 자신에게 다음과 같이 말한다. "너는 이미 일반적인 수명을 넘겨 살고 있다. 의심이 되거든 네 친지 중에 너의 나이에 이르지 못하고 죽은 사람의 수가 네 나이에 살아 있는 사람의 수보다 얼마나 많은지 세어 보라." 그리고 그는 쉰여섯에 『에세』 제3권을 집필하면서 자신을 죽음의 문 앞에 서 있는 늙은이로 묘사한다.

몽테뉴가 보기에 늙어서 죽는다는 것은 특권이다. 그것은 "희귀하고 특별하고 기이한 죽음이며, 따라서 다른 죽음보다 오히려 자연스럽지 않은 죽음이다. 그것은 가장 있을 법하지 않은 죽음이며 우리에게서 가장 멀리 떨어져 있는 죽음이다." 몽테뉴는 이 글을 마흔여덟에 썼는데, 그는 자신이 "생명의 참된 척도인 평균 한계를 지났으므로" 더 오래 살기를 원해서는 안 된다고 적고 있다. 그때까지 자신을 지켜 준 것은 "특별하고 희귀한 행운"이며, 이것이 더 이상 계속되지 않으리라는 것도 깨달아야 한다고 말한다.

몽테뉴는 나이 듦을 멈추어진 상태가 아니라 점진적이고 자연적인 변화의 과정으로 받아들였다. 노년은 갑자기 찾아드는 것이 아니다. 몽테뉴는 우리가 지각할 수 없을 정도로 청춘이 조금씩 삭아 없어지는 것, 작고 부분적인 죽음들이 끊임없이 이어지는 것으로 노년을 파악한다.

> “이제부터 나는 반쪽의 존재에 불과하며, 그것은 이미 내가 아닌 것이다. 나는 날마다 나 자신에게서 도망치며, 나에게서 멀어진다.”
> “만일 우리가 갑자기 그런 노년의 상태에 놓인다면 우리는 그런 상태를 견뎌 낼 수 없을 것이다. 다행히도 자연은 완만하게, 거의 느낄 수 없을 정도로, 조금씩, 한 계단 한 계단씩 우리를 인도하여 그런 비참한 상태로 끌고 가, 우리로 하여금 그와 같은 상태에 익숙해지게 한다. 그런 까닭에 청춘이 우리 내부에서 삭아 없어져도 우리가 아무런 동요도 느끼지 않는 것이다. 그런데 실상은 그러한 죽음이 시들시들하다가 생명이 완전히 다하는 죽음이나 연로(年老)로 인한 죽음보다 한층 가혹한 죽음이다. 왜냐하면 고통스러운 상태의 존재에서 부재(不在)로의 변화는 감미롭고 건강한 존재에서 힘들고 가슴 아픈 존재로의 갑작스러운 변화만큼 가혹한 것은 아니기 때문이다.”

몽테뉴는 신이 인간에게 노화를 겪게 함으로써 은총을 베푼다고 말한다. 인간은 노화를 겪으며 조금씩 죽어 온 덕분에 인간의 죽음은 완전하지도 고통스럽지도 않을 것이다. 그 상태에서의 죽음은 단지 존재의 절반, 혹은 사분의 일만이 죽는 것이기 때문이다.

몽테뉴에게 노화는 피할 수 없는 필연이다. 피할 수 없는 것이라면 그것을 자연스럽게 받아들이는 것이 좋다. 다만 그것이 자신에게 너무 많은 불쾌감을 주지 않기를 바랄 뿐이다.

> “내가 나 자신의 운명에 대해 감사하는 것 가운데 하나는 나의 몸 상태의 진행 역시 각각의 시기와 제대로 들어맞았다는 점이다. 나는 매번 새로운 풀과 꽃과 열매를 보았다. 그리고 이제는 그 바싹 마른 모습을 보고 있다. 얼마나 행복한가. 왜냐하면 그것이 자연이기 때문이다.”

몽테뉴는 『에세』의 마지막 장에서 “늘그막에는 좀 상냥하게 대접받을 필요가 있다”고 말한다. 이 말에는 어딘지 쓸쓸함이 배어 있다. 그는 은퇴 후 남은 생애를 독서와 사색에 바치겠다고 다짐했는데, 그의 다짐은 어떤 의미에서 이피할 수 없는 늙음과의 기나긴 싸움을 의식해서가 아닐까 싶다. 그는 육체가 노쇠해 가는 중에도 건강을 유지할 수 있기를 바랐다. 아니, 그보다 “노년이 수치스럽지 않게 하기 위해서”건강한 몸과 온전한 정신을 유지하게 해 달라고 빌었다. 그가 『에세』의 마지막 부분에서 인용한 호라티우스의 구절은 몽테뉴가 간절히 바라고 구한 것이 어떤 것이었는지를 잘 보여 준다.

> “레토의 아들[1]이여, 내가 얻은 행복을
> 건강한 몸과 온전한 정신으로 누릴 수 있게 해 주소서.
> 내 노년이 수치스럽지 않게 해 주시고,
> 칠현금도 계속 탈 수 있게 해 주소서.”

2. 고통과 늙음에 대하여

1578년, 마흔다섯 살의 몽테뉴는 갑작스럽고 격렬한 신장 결석 증세로 큰 고통을 겪는다. “피까지 토하고, 경련에 시달리고, 때로는 눈에서 닭똥

1) 아폴론을 뜻한다.

같은 눈물이 넘쳐흐르고, 시커먼 소변을 보거나 뾰족하게 곤두선 결석 때문에 오줌이 막히고, 음경에 바늘을 찌르는 듯한 통증이나 쥐어뜯는 듯한 통증"을 느꼈다. 그는 이 병이 "온갖 질병 중에서 가장 고약하고 가장 갑작스럽고 가장 고통스럽고 가장 치명적이며 가장 치료하기 어려운 병"이라고 말했다.

몽테뉴는 신장 결석의 격렬한 발작으로 인해 죽기 전 몇 년 동안은 삶과 죽음의 경계를 넘나들었다. 그는 신장 결석이 생기면 죽을 수도 있다는 사실을 알았다. 때로는 고통이 너무 심해서 죽기를 바라기도 했다. 하지만 그는 참으로 그다운 방법으로 결석의 통증과 지내는 법을 마침내 터득하고 만다.

> "통증에서 이득을 얻은 것도 있다. 여태까지는 죽음과 완전히 화해하여 친하게 지내지 못했지만, 통증이 그것을 이루어 줄 것 같다는 점이다. 통증이 나를 괴롭히고 귀찮게 굴수록 나는 죽음을 덜 두려워하게 될 테니까."

몽테뉴는 자신 안에서 주기적으로 벌어지는 육체와 고통과의 싸움을 바라보면서 고통에도 한계가 있다는 것을 깨달았다. 그래서 그는 신장 결석 환자의 고통 속에서도 "위로와 희망을 발견한다."고 털어놓는다. 그는 고통을 당할 때 그것을 견디고 이겨내는 것은 의지의 힘이 아니라 육체의 보이지 않는 힘, 더 정확하게 말하자면, 육체 안의 자연의 힘에 의해서다. 그러니 허둥대지 말고 조용히 기다리면 된다. 육체는 자연스럽게 고통에 길들여질 것이다. 의지로 고통을 극복하라고 부추기는 철학자들의 권유는 믿을 만한 것이 못된다. 그런 소리에 귀 기울이지 말고 자연이 하는 대로 맡겨 두는 것이 좋다.

> "경험은 인내가 부족하면 몸을 망친다는 것을 가르쳐 주었다. 불행에는 수명과 한계가 있다.
> 모든 질병의 조직은 생물의 조직에 따라 만들어져 있다. 질병은 태어날 때부터 정해진 운명과 수명을 갖고 있다. 그런데 그 운명에 거역하고 억지로 병의 수명을 단축시키려 들면, 병의 수명은 오히려 연장되고 수도 늘어나고, 병을 진정시키기는커녕 오히려 흥분시키게 된다. [...] 병에는 출구를 열어 주지 않으면 안 된다. 나는 병이 제멋대로 하게 내버려 두니까 병이 나한테는 별로 오래 머물지 않는다고 생각한다. 또한 세간에서 끈질긴 병으로 알고 있는 질병도 의술의 규칙에 거역하고 병이 스스로 쇠약해지게 만들어, 의술의 도움을 빌리지 않고 치료해 왔다. 자연이 하는 대로 맡겨 두는 것이 좋다. 자연은 우리보다 훨씬 잘 알고 있다."

몽테뉴는 나이 듦에 대해서도 비슷한 교훈을 얻었다. 나이가 든다고, 경험이 많이 쌓인다고 삶의 지혜가 저절로 생기는 것은 아니었다. 오히려 그는 젊은 사람보다 나이 많은 사람에게 허영심과 성격상의 결함이 더 많이 생긴다고 생각했다.

> "우리의 영혼은 젊었을 때보다 황혼기에 더 거북하고 난처한 질병이나 결함에 얽매이는 것 같다. 나는 젊었을 때 이미 이런 이야기를 했다. 그때는 사람들이 나를 놀렸다. 턱에 수염도 나지 않은 주제에 그런 말을 한다고 말이다. 허옇게 센 머리칼 덕분에 사람들의 신임을 얻고 있는 지금 이 순간에도 나는 같은 이야기를 한다. 우리는 성질이 까다롭고 현재의 사물에 대해 염증을 느끼는 것을 '지혜'라고 부른다. 그런데 사실 사람들은 되도록 악덕을 버리지 않으면서 악덕을 바꾸려고

한다. 내가 보기에는 그것이 최악의 방법인데 말이다. 어리석고 비생산적인 자존심과 진력나는 잔소리, 까다롭고 비사교적인 성격, 미신, 그리고 쓸모없는 부(富)에 대한 꼴같잖은 취향 같은 것 말고도, 나는 노년에서 더 많은 시기심과 부당함과 심술궂음을 발견한다. 노년이 되면 얼굴보다 정신에 더 많은 주름살이 생긴다. 늙으면서 시큼해지고 곰팡내 나지 않는 영혼이란 없으며, 있다 해도 매우 드물다."

나이가 들면 어리석고 비생산적인 자존심에 빠지고 따분한 수다나 떨고, 사소한 일에 걸핏하면 성을 내고, 비사교적으로 변하고, 미신에 사로잡히고, 아무 쓸모없는 부(富)에 대해 걱정하는 경향이 있다. 그러나 이것은 한쪽으로 기울거나 쏠린 것이다. 올바른 방향이 아니다. 나이 듦의 가치는 그러한 결함을 바로잡는 데 있기 때문이다. 노인이 되면 젊었을 때보다는 자신이 과오를 범하기 쉬운 존재라는 것을 인정할 기회가 더 쉽게 생긴다. 자신의 육체와 정신에 새겨진 쇠퇴의 흔적을 보면서 자신도 부족하고 유한하고 한계가 있는 인간이라는 사실을 받아들인다. 나이를 먹는다고 현명해지지는 않는다는 사실을 이해하면 일종의 지혜를 얻게 되는 셈이다. 결국 사는 법을 배우는 것은 이렇게 결함과 함께 살아가고 결함도 기꺼이 받아들이는 법을 배우는 것이다.

"우리의 존재는 갖가지 병적인 자질(資質)들로 단단히 짜 맞춰져 있다. 야심 · 질투 · 시기심 · 복수 · 미신 · 절망 등이 아주 자연스럽게 우리들 속에 자리 잡고 있기 때문에, 우리는 이런 모습이 짐승들에게도 있는 것을 알아본다. 잔인성은 자연스러운 것이 아니다. 그러나 우리는 동정심을 느끼는 와중에 우리 속에서 남이 고통받는 것을 지켜보는 심술궂은 쾌감의 새콤달콤하면서도 따끔따끔한 뭔가를 느낀다. 어린아이들도 이것을 느낀다. "폭풍우 속의 바람이 파도를 뒤집어엎을 때에 해안에

> 서서 남이 난파하는 모습을 보기란 즐거운 일이다."[루크레티우스] 그러나 누군가가 이런 행동의 씨앗을 인간으로부터 제거한다면 우리 삶의 근본적인 조건들도 동시에 파괴될 것이다."

평상시의 생활에서 지나치게 정신의 순수성과 통찰력을 강조하는 경우가 있다. 이것이 과하면 부족함만 못하다. 철학도 마찬가지다. 실제 삶에 적용하기 위해서는 그것을 "둔중하고 무디게" 만들 필요가 있다. 지나치게 고매하고 정교하고 치밀한 사상은 실천에는 부적절하다. 상황과 결과를 다 따져 보고 나면 선택은 궁해지기 마련이다. 지나치거나 모자라지 아니하고 한쪽으로 치우치지도 아니하게, 겸손하고 다소 애매하게 살아가는 게 좋다. 그러면 나머지는 자연이 다 알아서 해 줄 것이다.

> "자연은 우리에게 걷기 위한 다리를 주었듯이, 인생을 살아가기 위한 지혜를 주었다. 물론 그 지혜는 철학자가 고안해 낸 것처럼 기발하고 튼튼하고 화려한 것이 아니라, 적절하게 평이하고 평온하고 유익한 지혜다. 그 지혜는 있는 그대로, 순리에 따라, 바꿔 말하면 자연스럽게 그 지혜를 사용하는 법을 다행히도 알고 있는 이에게는 철학자가 건성으로 한 말을 훌륭히 실천하게 해 준다. 가장 단순하게 자연에 몸을 맡기는 것이 가장 현명한 방법이다. 무지와 무려(無慮)는 잘난 머리를 쉬게 하는 데 너무나도 부드럽고 안락하고 건강한 베개이다."

3. 죽음에 대하여

죽음은 몽테뉴가 평생 몰두한 주제 가운데 하나이다. 어찌 보면 『에세』는 죽음의 준비에 다름 아니라고 할 수 있다. 몽테뉴는 『에세』의 첫 번째 장인 '여러 가지 방법으로 사람들은 같은 결과에 도달한다.'부터 제3권 맨 끄트머리에 실린 '경험에 대하여'에 이르기까지 이 문제를 반복해서 끄집어 낸다.

몽테뉴는 죽음은 우리가 피할 수 없는 문제라고 했다. 『에세』 제1권 전반부에서 "우리 생애의 최종 목표는 죽음이다. 죽음은 우리 운명의 필연적인 목표다."라고 말하면서 "죽음이 그렇게 두렵다면 어떻게 전율하지 않고 한 발짝이라도 앞으로 내디딜 수 있겠는가?"라고 반문한다. 그리고 다소 과장되고 허풍스럽게 다음과 같이 주장한다.

> "따라서 우리가 평생 동안 하고 있는 그 밖의 모든 행위는 이 마지막 행위를 시금석으로 하여 평가되어야 한다. 그것은 가장 중요한 날이고, 다른 모든 날들을 재판하는 날이다. 어느 옛사람의 말대로, 과거의 모든 세월을 재판해야 할 날이다. 나는 내가 공부한 성과를 시험하는 일을 죽음에 맡긴다. 그때가 되면 내 말이 말뿐인지, 아니면 마음속에서 우러나온 것인지를 알 수 있게 될 것이다."

몽테뉴는 죽음에 관한 주제를 다루면서 초기에 쓴 글에서는 그와 같은 역경에 대처할 수 있도록 수련하라고 말한다. 그는 먼저 고대 로마의 정치가이자 철학자 키케로의 명제 "철학이란 어떻게 죽어야 하느냐를 배우는 것이다."라는 주장에 동의하는 데서 출발한다. 고래로 죽음에 관한 수많은 철학적 논의와 진술은 결국 죽음의 준비에 초점을 맞추고 있다는 것이다.

몽테뉴는 '죽음을 어떻게 준비해야 하는가.'라는 물음에 대해 대략 세 가지 태도를 제시한다. 첫째, 죽음을 외면하고 있다가 죽음이 다가오면 그 순간이 지나가길 바라는 것이다. 몽테뉴가 보기에 죽음은 '짧은 순간'에 이루어지는데, 그것 때문에 살아 있는 한평생이 두려움과 고통으로 시달린다는 것은 분명 어리석은 일이다. 키케로가 말했듯이 "우리가 밤낮으로 저 피할 수 없는 죽음이 임박했다는 사실을 생각해야 한다면 우리의 삶에 무슨 기쁨이 있겠는가?"

죽음에 대한 일반 대중의 치료법은 아예 죽음을 생각하지 않는 것이다. 몽테뉴는 여기에 대해 이렇게 반문한다. "하지만 얼마나 짐승 같고 우둔하면 그렇게 무지하게 눈이 멀 수 있단 말인가. 그것은 당나귀의 꼬리에 굴레를 씌워 끌고 가는 것과 같다." 죽음은 외면한다고 사라지고 등 돌린다고 없어지는 것이 아니다. 죽음은 찰나에 지나지 않지만 죽음의 진행은 우리의 삶과 함께 하는 것이다.

둘째는 자나 깨나 죽음을 생각하며 대비하는 것이다. 널리 알려진 경구인 '메멘토 모리(memento mori· 죽음을 기억하라)'에 담겨 있는 지혜이기도 하다. 몽테뉴는 아무도 죽음을 피할 수 없으니 죽음과 친밀해지라고 조언한다. 죽음에 대해 생각하는 훈련을 하고, 죽음에 대해 따져 논함으로써 죽음에 익숙해지라는 것이다.

"그러므로 죽음이라는 적에 당당하게 맞서 싸우는 법을 배우자. 그리하여 우선 우리를 압도하는 적의 가장 큰 강점을 빼앗기 위해, 사람들이 흔히 선택하는 길과는 정반대되는 길을 택하자. 적에게서 기이한 면을 없애고, 적과 자주 사귀어 익숙해지고, 무엇보다도 종종 죽음을 염두에 두도록 하자. 매 순간 죽음을, 죽음의 온갖 모습을 상상 속에 그리자. 말[馬]이 딴 길로 벗어나도, 기왓장이 떨어져도, 장식 핀에 조금 찔려도, '그런데 만일 이게 죽음이라면?' 하고 되새기면서 죽음에 대해 단단해지자. 그리고 우리 자신을 강하게 단련하자."

또한 몽테뉴는 자연이 우리에게 죽음을 학습할 수단을 마련해 준다고 말한다. 그것은 노화다. 청춘에서 노년으로 그리고 죽음으로 이어지는 과정이 단절 없이 계속 진행되기 때문에, 노화의 과정을 통해 우리는 서서히 죽음을 준비할 수 있는 것이다.

> "신(神)은 생명을 조금씩 빼앗아 감으로써 인간에게 은총을 베푼다. 이것이 노화(老化)의 유일한 미덕이다. 노화를 겪으며 조금씩 죽어 온 덕분에 마지막 순간에 죽음이 완전하지도 고통스럽지도 않은 것이다. 그 상태에서 죽음은 그저 존재의 절반, 혹은 사분의 일만 죽는 것이기 때문이다."

노화의 이점은 바로 우리가 갑작스레 죽음을 맞이하지 않고 점진적으로 죽음과 가까워질 수 있다는 것이다. 인간의 삶은 죽음을 향해 전진하는 것이다. 산다는 것은 죽음을 향한 길 위에 존재하는 것이다. 그렇기 때문에 삶의 마지막 시기에도 우리는 두려워할 필요가 없는 것이다.

죽음을 생각하고, 죽음에 맞설 준비를 한다면 삶에 굴종되지 않고 '자유'를 획득하게 된다. 죽음을 미리 받아들이면서 우리는 '선구적' 깨달음을 얻게 되는 것이다.

> "죽음이 어디서 우리를 기다리는지 알 수 없으니, 어디서든 죽음을 기다리자. 죽음에 대해 미리 생각하는 것은 자유에 대해 미리 생각하는 것이다. 죽는 법을 배운 사람은 노예 상태에서 벗어난 사람이다. 생명의 상실이 나쁜 것만은 아님을 깨달은 사람에게 인생에서 나쁜 것이란 아무것도 없다. 죽는 법을 알면 모든 예속과 속박에서 벗어난다."

하지만 죽음을 '길들이고' 매일 생각하다 보면 삶이 칙칙해질 수 있다. 죽음을 연습하는 것이 아무리 현명하고 이치에 합당한 태도라 하더라도 그것을 실천하며 살아가는 것은 쉽지 않은 일이다. 몽테뉴는 그래서 되받아 묻는다. 오직 "단 한 번만" 일어나는 일에 대해 그리 슬퍼할 필요가 있는지, 짧은 순간에 끝날 일을 그토록 오랫동안 두려워하는 게 과연 합당한지.

> "그토록 짧은 동안의 일을 그토록 오랫동안 두려워할 이유가 있을까? 오래 사나 일찍 죽으나 죽음의 관점에서 보면 마찬가지이다. 더 이상 존재하지 않는 사물에게는 길고 짧음이 적용될 수 없기 때문이다. 아리스토텔레스에 의하면, 히파니스 강변에는 단 하루밖에 살지 못하는 작은 동물들이 있다고 한다. 그 동물들 중 아침 여덟 시에 죽는 동물은 청춘에 죽는 것이고, 오후 다섯 시에 죽는 동물은 노후에 죽는 것이다. 그토록 짧은 동안의 일을 가지고 행복이니 불행이니 가르는 것을 보고 웃지 않을 사람이 있을까?"

셋째는, 죽음은 대비할 수 있는 행동이 아니니 홀로 찾아오도록 내버려두라는 것이다. 몽테뉴는 제2권 6장, 「훈련에 대하여」라는 글에서 자신이 타고 가던 말에서 떨어져 죽을 뻔했던 사고를 회고했다. 그는 이 글에서 죽음은 우리가 수행해야 할 가장 큰 과제이지만, 그렇다고 예행연습을 할 수는 없는 일이라고 탄식한다.

> "죽음의 경우에는 어떤 실질적 훈련도 별 도움이 되지 않는다. 사람은 습관이나 경험을 통해 고통과 수치와 가난과 그와 유사한 어려움 또는 시련에 대해 자기를 굳건하게 만들 수 있다. 그러나 죽음은 평생 단 한 번밖에 겪어 보지 못한다. 죽음에 직면해서 우리는 모두 초심자이다."

몽테뉴는 자신의 낙마 경험만이 아니라, 페스트와 전쟁의 참화 앞에서 과거에는 경멸했던 '일반 대중'이 죽음을 대하는 태도에서도 깨달은 바가 있었다. 평범한 백성들의 '무심함(incuriosité)'이야말로 죽음 앞에서 우리가 가져야 할 참된 지혜이며, 죽어 갈 때의 그들의 모습은, 죽음 자체와 죽음에 대한 긴 준비 때문에 이중고에 시달렸던 아리스토텔레스보다 더 아름답다.

> "우리는 죽음에 대한 걱정으로 제대로 살지 못하고, 삶에 대한 걱정으로 제대로 죽지 못한다. 죽음에 대한 걱정은 우리에게 고통을 주고, 삶에 대한 걱정은 우리에게 공포를 준다. 우리가 죽음을 준비하는 것은 죽음 자체에 대비하기 위함이 아니다. 왜냐하면 그것은 너무나 순간적이기 때문이다. 별다른 영향이나 손해 없이 끝나는 십오 분 동안의 고통을 위해 그렇게 특별한 가르침을 받을 필요는 없다. (...) 내 생각에 죽음은 인생의 끝일 뿐 목표는 아닌 것 같다. 그것은 인생의 종말, 인생의 극단이지, 그 목적은 아닌 것이다. 인생은 그 자체가 목표이고 목적이어야 한다."

몽테뉴는 한때 키케로의 말대로 "철학이란 어떻게 죽어야 하느냐를 배우는 것"이며 "철학자의 일생은 죽음에 대해 명상하는 것"이라고 생각한 적이 있었다. 하지만 이제는 생각이 바뀌었다. 그는 다음과 같이 조언한다. "죽는 법을 모른다고 걱정하지 마라. 자연이 충분히 알아서 잘 가르쳐 줄 것이다. 그것 때문에 공연히 속 썩을 필요는 없다."

몽테뉴가 『에세』에서 그려 보인 죽음에 대한 태도와 아울러 그가 제시한 죽음의 두려움을 극복하는 방식은 적절할 수도 있고, 전혀 적절하지 않을 수도 있다. 하지만 어쨌든 죽음에 대한 그러한 사고와 사색을 통해서 그 자신을 그토록 짓누르던 죽음의 중압이 사라진 것만은 분명하다.

죽음 연습 또는 그의 표현을 빌리면 죽음의 훈련(exercitation)이라고도 할 수 있는 낙마 사고에서 회복되면서, 그리고 페스트 앞에서의 인간의 태도를 목도하면서 몽테뉴의 인생관이 바뀐 것은 분명하다. 하지만 그는 여전히 망설인다. 어떻게 더 잘 살 것인가? 키케로와 금욕주의자들처럼 머릿속에 늘 죽음을 떠올리면서? 아니면 소크라테스나 "이웃에 사는 농부들"처럼 가능한 한 죽음에 대해 생각하지 않으면서? 몽테뉴는 삶과 죽음 사이에서 우물쭈물한다. 우리 모두처럼. 그의 마지막 교훈은 죽음에 관한 주제를 다룬 초기의 글에서 이미 제시되었다. "나는 내가 양배추를 심고 있을 때 죽음이 찾아오기를 바란다."[2)]

---

2) 결론을 작성하면서 다음 자료를 참고하였다. 잉두안 공파뇽, 『인생의 맛』(책세상, 2014년), 홋타 요시에, 『몽테뉴』(한길사, 1999년), 이왕주, 『상처의 인문학』(다음생각, 2014년).

박아르마

웰다잉과 죽음준비교육의 필요성***

왜 죽음에 대해 말해야 하는가?

우리사회에서 죽음에 대한 이야기를 본격적으로 시작한 지는 그리 오래 되지 않았다. 죽음은 누구나 피할 수 없는 불가피한 사건이지만 가급적이면 그 시간을 유보시키고 회피하고만 싶은 현실이기도 하다. 특히 죽음은 젊은 사람들보다는 노년기에 접어든 사람들에게 좀 더 가까운 장래의 사건이겠지만 그 당사자들이 그것을 잘 알고 있다는 점에서 역설적으로 노년층 혹은 죽음을 앞두고 있는 사람들에게 죽음에 대해 이야기하는 일은 쉽지

*** 저자는 2014년 한국연구재단의 학제간융합연구사업에 선정되어 〈한국인의 사회적 삶의 질 향상을 위한 의료인문학 기반 완성적 죽음교육프로그램 개발〉이라는 주제로 죽음준비교육과 관련된 연구를 진행하고 있다. '웰다잉과 죽음준비교육의 필요성'은 이 연구를 수행하면서 작성한 논문과 보고서, 저서 등을 토대로 썼음을 밝혀둔다. 연구 사업에 참여하고 있는 공동 연구자들에게도 감사의 뜻을 전한다.

않다. '노년의 인문학'은 노년기에 접어든 사람들에게 인생을 보다 깊이 있게 들여다보고 남은 삶을 좀 더 풍요롭게 살 수 있는 방법을 제시하려는 목적에서 논의가 이루어졌다. 그런 상황에서 죽음의 문제를 다루려니 노년기에 접어든 분들께 불경한 말을 하는 것은 아닌지 조심스러운 마음이 앞선다. 하지만 죽음에 대해 말하는 것은 죽음을 슬픔과 비탄, 회한 속에서 바라보겠다는 것이 전혀 아니다. 오히려 죽음에 대해 말하면서 지난 삶을 돌아보며 정리하고 남은 삶을 충실하게 살 수 있는 방법을 모색해보자는 것이다. '잘 사는 법', 즉 월빙(Well-bing)이 중요하다면 그에 못지않게 '잘 마무리하는 법', 즉 웰다잉(Well-dying)도 중요한 일이기 때문이다.

모든 사람은 죽음을 피할 수 없다. 인간이 죽음을 피할 수 있다면 이와 같은 죽음에 대한 논의 자체가 불필요할 것이다. 죽음을 피할 수 없다면 죽음에 대해 알고 이해하여 적극적으로 수용하는 자세가 필요하다. 죽음에 대한 이해는 삶에 대한 단순한 마무리를 넘어 죽음의 공포를 극복하고 현재의 삶을 사랑하게 만드는 시작이 될 수 있다. 웰다잉 운동 역시 죽음의 실체를 알고 그것에 맞서 어떻게 싸우며 어떻게 그것을 수용할 것인지 고민하는 과정에서 나온 것이다. 또한 현재의 삶이 소중하다는 것을 깨닫고 인간으로서의 존엄성을 잃지 않은 채 아름다운 마무리를 할 수 있는 방법을 찾으려는 고민에서 시작되었다.

'죽음'에 관한 연구는 인간존재의 본질적인 문제를 다루고 있는 만큼 인류의 역사가 시작된 이래 제기되었던 죽음과 관련된 모든 문제와 질문을 포함하고 있다. 즉 죽음에 관한 질문은 종교적, 철학적 관점을 중심으로 고대부터 오늘날에 이르기까지 끊임없이 제기되어 왔다. 다만 죽음의 문제가 본격적인 학문의 영역으로 들어와 다루어지고 특히 '죽음학' 혹은 '사망학' 이라는 이름으로 연구된 것은 그리 오래되지 않았다. 죽음에 관한 연구가 상당한 학문적 성과를 거두고 있음에도 불구하고 죽음의 문제가 의학, 간호학, 보건학 등 의료·보건 영역에서 다루어져 왔거나 종교, 철학, 문학예술 등의 인문학 영역에서 개별적으로 다루어진 사실을 지적하지 않을 수 없다. 이 두 가지 영역은 죽음의 문제를 생물학적, 의료적, 치료적 시각으로 한정하여 본다든지 정신적, 심리적, 미학적 관점으로 제한하여 다루는 한계를 드러내고 있기 때문에 서로 분리되어서는 안 될 것이다. 말하자면 죽음의 문제를 이해하고 수용하려면 인간의 정신과 육체에 대해 동시에 관심을 가질 필요가 있다.

노년기의 죽음에 대한 태도와 죽음교육

죽음은 막 삶을 시작한 어린아이부터 임종을 앞둔 사람에 이르기까지 모든 사람에게 중요한 사건이자 저마다의 시각에서 해석과 의미부여가 필요한 문제이다. 물론 모든 세대에게 죽음이 갖는 의미는 동일할 수는 없겠지만, 어느 세대에게도 죽음은 의미 있는 사건인 까닭에 저마다의 삶에 나타난 죽음의 의미를 이해하며 그것을 과거, 현재, 미래의 삶과 관련지어 해석하고 수용하는 작업은 필수적일 것이다. 그런 이유에서 죽음의 의미를 이해하고 수용하기 위한 교육을 실시함에 있어 각 세대별 죽음에 대한 인식

및 사회적 의미를 파악하는 일은 죽음교육에서 필수적으로 이루어져야 하는 선행 조건이 될 것이다.

보통 죽음교육을 실시할 때 그 대상을 '유년기부터 학생', '중장년기', '노년기'로 분류한다. 우선 '유년기부터 대학생'까지는 죽음에 대한 인식이 피상적이며 대개 부모세대보다는 조부모세대의 죽음을 경험하게 된다. '중장년기' 세대는 부모세대의 죽음을 경험하며 흔한 일은 아니지만 자신의 죽음으로 자녀와 배우자, 부모에게 큰 경제적, 사회적 영향을 끼칠 가능성이 있다. '노년기' 세대는 죽음을 점차 자신의 문제로 인식하며 배우자의 죽음에 대해 혹은 자신의 남은 삶의 시간을 계획하게 된다.

노년기는 죽음에 대한 인식이 가장 구체화되고 자신과 배우자의 죽음의 문제에 직면하게 된다. 이들 세대의 죽음은 대개 은퇴 이후에 고령에 이르러 일어날 가능성이 높기 때문에 사회적 의미보다는 개인적이고 가정 내의 문제로 다루어질 경우가 많다. 즉 노년기에 접어든 사람들은 질병과 육체적 정신적 쇠약을 경험하게 되며 간혹 일어나는 자녀의 죽음과 배우자, 동료 의 죽음으로 정신적 충격을 받게 된다. 다만 노년기의 죽음은 앞의 세대에 비해 사회적, 경제적 파장이 상대적으로 적을 것이다.

노년기에는 동료들과 배우자의 죽음을 통해 '사망'의 의미를 현실의 문제, 나아가 자기 자신의 문제로 인식하기 시작한다. 경우에 따라 이들 세대는 죽음에 대한 대화 자체를 거부하거나 터부시할 가능성도 있다. 따라서 노년 세대에 대한 죽음 교육은 죽음을 모든 사람들이 겪는 자연스러운 일로 수용하고 그 공포를 이겨낼 수 있도록 죽음에 대한 철학적, 문화적, 종교적 이해는 물론 남은 삶의 시간을 어떻게 정리할 것인지 배우는 과정을 포함하여 이루어져야 한다. 뿐만 아니라 유언, 재산 상속, 남게 될 배우자의 정신적, 경제적 문제, 장례절차 등의 구체적인 문제에 대한 교육도 요구될 것이다. 특히 노년기에 이르러 질병의 고통 속에서 죽음을 기다려야 하는 임종 환자들에 대한 죽음 교육은 의료적 이해와 심리적 안정 차원에서도 실시되어야 할 것이다.

죽음준비교육이란 무엇인가?

노년기에 받아야 하는 죽음 교육은 '죽음을 이해하기'와 '죽음을 기록하여 내면화하기', '죽음을 간접 체험하기' 등의 3개 과정으로 나누어질 수 있다. 이와 같은 죽음 교육은 '생애 주기별'로, '직업군 별'로, '죽음을 체험하기 전과 후'로 나누어 실천될 때 그 효과가 더 커질 수 있을 것이다. 먼저 '죽음을 이해하기'의 과정은 죽음에 대한 정의부터 관점에 따른 죽음에 대한 이해를 포함한다. 예를 들어 의학적 관점에서의 죽음은 심장이나 뇌가 정지되어 그 기능이 돌이킬 수 없는 상태를 말한다. 다만 뇌기능이 정지되어도 호흡이나 심장박동이 지속될 수 있어 완전한 죽음의 정의는 아직도 유보적이다. 죽음을 심리적, 사회적 관점에서 보면 죽음은 '나'라는 주체가 소멸하여 사회에서 더 이상 인격체 혹은 생명체로서 그 역할을 할 수 없고 법적으로도 '사망'으로 기록되는 상태이다. 죽음에 대해 정의를 내린 다음에는 죽음을 좀 더 구체적으로 보고 성찰할 필요가 있다.

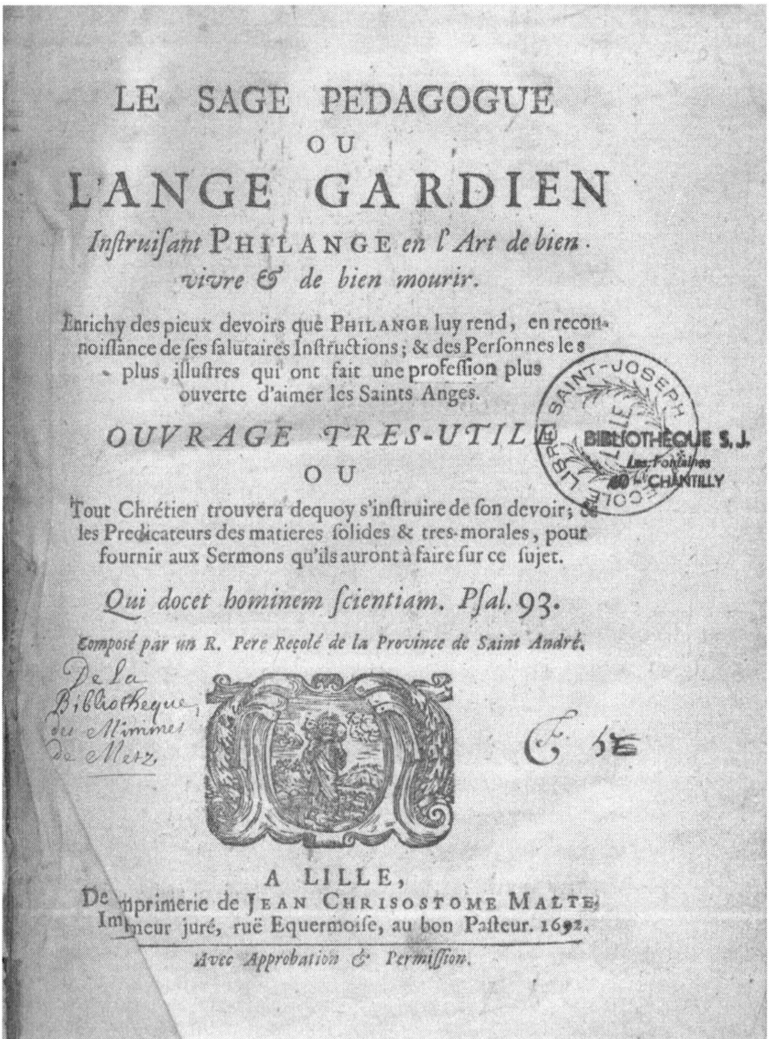

LE SAGE PEDAGOGUE
OU
L'ANGE GARDIEN
Instruisant PHILANGE *en l'Art de bien vivre & de bien mourir.*

Enrichy des pieux devoirs que PHILANGE luy rend, en reconnoissance de ses salutaires Instructions; & des Personnes les plus illustres qui ont fait une profession plus ouverte d'aimer les Saints Anges.

OUVRAGE TRES-UTILE OU

Tout Chrétien trouvera dequoy s'instruire de son devoir; & les Predicateurs des matieres solides & tres-morales, pour fournir aux Sermons qu'ils auront à faire sur ce sujet.

Qui docet hominem scientiam. Psal. 93.

Composé par un R. Pere Recolé de la Province de Saint André.

A LILLE,
De l'Imprimerie de JEAN CHRISOSTOME MALTE, Imprimeur juré, ruë Equermoise, au bon Pasteur. 1692.

Avec Approbation & Permission.

예를 들어 플라톤의 『대화편』[1]에 등장하는 소크라테스의 생사관과 사후 세계에 대한 견해 등을 통해서도 죽음의 의미에 대해 생각해볼 수 있다. 소크라테스는 '영혼은 존재하는가?', '영혼과 육체는 어떤 관계인가?', '육체 없이 정신만이 존재할 수 있는가?', '우리는 죽은 다음 어디로 가는가?' 등의 질문을 통해 죽음에 대한 생각을 말했다. 소크라테스는 죽음이 육체의 굴레에서 벗어나 곧 지혜를 소유할 수 있게 되는 것이기 때문에 두렵기는커녕 희망적인 것이라고 말했다. 또한 그는 영혼은 육체가 있기 전부터 존재했고 사람이 죽으면 영혼이 육체를 떠나서 다른 세상으로 떠난다고 믿었다. 그는 대부분의 사람들은 죽은 뒤 아케론 강에서 정화된 뒤 다시 태어난다고 생각했다. 다만 큰 죄를 지은 영혼은 불의 강으로 가고 그중 일부는 용서를 받으면 구원을 얻는다고 했다. 결론적으로 소크라테스의 죽음관에 따르면 죽음은 영원한 지혜의 세계이자 육체적 속박이 없는 자유로운 세상으로 가는 것이기 때문에 두려운 것이 아니다. 또한 이 세상에서 살아가는 동안 지혜를 추구하고 물질을 탐하거나 타인에게 해를 끼치는 삶을 살아서는 안 된다고 했다.

이 밖에도 기독교와 불교, 유교 등 종교적 관점에서 보는 죽음은 어떤 신앙을 가지고 있느냐에 따라 사람마다 그 영향력과 의미가 다르게 나타날 것이다. 중요한 것은 죽음을 정의하고 이해하는 과정을 통해 죽음의 공포

1) 플라톤의 『대화편』 중 소크라테스에 대한 기록과 죽음의 문제가 주된 논의로 등장하는 『소크라테스의 변명』, 『향연』, 『파이돈』, 『크리톤』, 『프로타고라스』 등을 말한다.

를 현실의 문제로 느끼는 것이 아니라 죽음을 객관화하여 보고 그것에서 좀 더 자유로워짐으로써 두려움에서 벗어나는 것이다. 다시 한 번 강조하지만 죽음교육의 목적은 현재의 삶을 사랑함으로써 두려움과 회한이 없는 죽음을 맞고 자신이 주체가 되어 삶을 마무리하는 것이다.

어떻게 죽음을 준비할 것인가?

죽음교육은 타인의 죽음을 통해 죽음에 대해 깊게 생각해보고 죽음이 자신의 문제가 되었을 때 그것을 어떻게 수용하고 준비할 수 있는지 성찰하는 과정으로 이루어진다. 죽음을 학습할 수 있는 간접체험 방법으로는 '장례식 참석'과 '묘지 방문'이 있다. 죽음을 간접적으로 학습할 수 있는 또 다른 방법으로는 임종을 앞둔 환자들을 치료하거나 간호 혹은 정신적 지지 역할을 하는 의사, 간호사, 호스피스 등의 경험을 듣는 일이다. 이들이 겪은 죽음에 대한 경험, 즉 죽음 전후에 이루어졌던 임종환자와의 교감, 정신적 지지를 위한 노력, 환자의 상황 등에 관한 증언은 죽음교육의 좋은 기회가 될 것이다.

마지막으로 모범이 될 만한 인물의 죽음에 관한 기록물을 보고 자신의 현재의 삶의 가치를 평가하고 가치 있는 죽음에 대해 생각해볼 수 있는 기회를 만들 수 있을 것이다. 예를 들어 아프리카에서 의료봉사를 하다 암으로 타계한 이태석 신부의 삶의 기록인 「울지마 톤즈」와 같은 영상물도 가치 있는 삶과 죽음의 의미를 이해하는데 좋은 자료가 될 것이다. 또한 일본 영화 「굿바이」는 시신의 수습과정부터 장례절차 전반이 이르기까지 모든 가족이 참여하는 장례를 다루고 있다는 점에서 죽음교육 자료로 활용할 수 있을 것이다. 그 이외에도 죽음에 대한 깊은 성찰을 가능하게 해줄 '장기기증 운동', '유가족과의 만남과 대화' 등의 활동에 참여할 수 있다.

글쓰기를 활용한 죽음교육 방법으로는 '유언장 쓰기'와 '묘비명 작성'이 있다. 글을 통해 자신의 삶을 돌아보고 남은 삶을 계획하는 일은 아직 죽음과 일정한 거리를 두고 있는 사람이나 죽음에 임박한 사람 모두에게 가치 있는 체험이 될 것이다.

죽음을 준비하는 방법(1) : 용서와 화해

가까운 시간에 예정된 죽음이든 언젠가 일어날 수 있는 죽음이든 죽음의 공포와 두려움에서 자유로워지고 현재의 삶을 행복하게 살기 위해서는 무엇보다도 타인과의 관계 개선이 중요하다. 죽음에 대한 스트레스는 죽음 그 자체에 대한 두려움부터 지난 삶에 대한 후회에 이르기까지 다양하지만 타인과의 관계에서 비롯되는 경우도 빈번하기 때문이다. 특히 노년기에 이르러서는 지난 삶의 시간을 돌이보고 도움을 받았던 사람이 있었다면 감사의 인사를 유무형의 방법으로 하고, 다툼이나 분쟁의 관계에 있었던 사람에게는 용서와 화해를 함으로써 마음의 평안을 얻을 수 있을 것이다. 타인에 대한 증오와 미움도 결국은 자신의 삶을 황폐화시킨다는 것을 기억할 필요가 있다. 살아오면서 자신과 관계를 맺어온 사람들에 대해 화해와 용서, 감사의 말을 전하는 실천적 행동을 함으로써 자신의 마음을 정화시키는 동시에 타인과의 긍정적인 관계 설정을 통해 삶의 회한에서 벗어날 수 있을 것이다.

특히 임종을 앞둔 사람은 가족 및 친구, 지인들에게 살아오면서 감사했거나 잘못했던 일, 분노했던 일에 대해 말을 남길 필요가 있다. 다만 친구나 지인들에 대해 화해와 용서, 감사의 말을 전하는 일은 가족들에 비해 상대적으로 어려울 것이다. 우선 마음의 결심과 결정을 내리기 어려운 점이 있을 것이고 경우에 따라서는 건강이 허락하지 않을 수도 있을 것이다. 화해와 용서, 감사의 말을 전하는 방식은 죽음을 앞둔 사람의 상황과 여건에 따라 달라지겠지만 적어도 그 내용은 변명이나 거짓, 위선이 아닌 진심과 진정성이 담겨야할 것이다. 화해와 용서, 감사의 말에 진심이 담기지 않을 경우 오히려 타인과의 관계를 어렵게 만들고 마음의 안정과 위안을 얻지도 못할 것이다. 결국 화해와 용서, 감사의 말에는 조건이 달려서는 안 될 것이며 실제로는 용인하지 못하면서 단지 타인을 위로하기 위한 말은 나와 타인 모두에게 부정적인 영향으로 나타날 것이다.

죽음을 준비하는 방법(2) : 지난 삶을 기록으로 남기기

노년기에 이르렀거나 삶의 시간이 얼마 남지 않은 사람들은 자신이 살아온 삶과 기억을 기록으로 남기고 싶어 한다. 유명인이 아니더라도 지나온 삶의 시간을 정리하고 자신이 살아온 삶의 궤적과 경험들을 가까운 사람들에게 남기고 싶은 욕구는 누구나 느낄 수 있을 것이다. 이와 같은 상황에서 특히 글쓰기는 글을 쓰는 과정을 통해 자신의 삶을 돌아보게 하고 깊은 성찰을 하도록 만들며 생각을 정리할 수 있게 해준다. 노년기에 이른 많은 사람들의 경우, 그들은 기록을 가까운 사람들에게 남김으로써 글을 통해 사후에도 지인들, 특히 가족들에게 자신의 생각을 전하고 지속적으로 소통할 수 있다고 믿기 때문이다.

자신의 생각을 정리하고 남기는 방법으로는 '일기' 형식의 기록과 '남기는 말' 형식의 짧은 기록, '자서전' 형식의 상당한 분량의 기록 등이 있다. 다만 현실적으로 죽음이 가까운 사람이 긴 분량의 글을 남기는 일은 쉽지 않을 것이다. 따라서 글의 형식과 내용, 분량 등은 죽음을 앞둔 사람의 정서적 상태와 교육 정도, 자신의 의지에 따라 달라질 수 있다. 그럼에도 글을 쓰는 작업 자체는 마음의 안정과 정화, 현재와 미래의 소통을 위해서 필수적이므로 반드시 실행되어야 하는 필수 프로그램이다.

지나온 삶에 대한 기록에 포함되어야 할 내용을 정리하면 다음과 같다. 우선 지난 삶에서 기억에 남는 사건을 중심으로 '나의 삶 00년'을 개괄적으로 기록할 수 있을 것이다. 다음으로 살아오면서 후회스럽거나 부끄러웠던 일, 잊고 싶은 일을 있는 그대로 솔직히 기록할 수 있다. 또한 살아오면서 자랑스럽던 일, 남기고 싶은 기억, 타인에게 베풀었던 도움에 대해 진솔하게 기록할 수도 있다. 마지막으로 앞으로 남은 시간의 의미를 묻고 그 시간을 어떻게 무엇을 하면서 살 것인지 구체적인 계획을 세워 기록할 수 있을 것이다.

지난 삶을 기록으로 남기는 방법에는 편지, 대화, 영상 기록 등이 있을 것이다.

편지 : 편지라는 형식의 글은 직접 손으로 썼든 문서로 작성했든 일상생활에서 실천할 수 있는 친숙한 의사소통 방법이라는 점에서 보다 많은 사람들에게 권할 수 있는 글쓰기 방식이다. 긴 분량의 글을 남길 정신적 여유가 없을 경우 대화하듯이 자연스러운 구어체로 편지를 써서 주변 사람들이 읽을 수 있도록 하여 자신의 생각과 감정을 남은 사람들에게 전하고 오래 남길 수 있다.

대화 : 말은 저장을 하지 않는 한 기록으로 남길 수 없지만 직접적인 의사소통이고 섬세한 감정의 기복까지 전할 수 있다는 점에서 훌륭한 소통방법이다. 특히 타인과의 용서나 화해의 경우 간접적으로 글을 남길 때보다 직접 만나 대화를 할 때 효과가 더 클 것이다. 다만 말의 경우 '남기는 말'과 '일상의 대화' 사이에 구분이 명확하지 않을 경우가 있으므로 남기는 말이 상속과 유언과 같은 중요한 내용이라면 주변 사람의 조력을 얻어 간략하게 기록하게 하고 직접 서명할 필요가 있다. 또한 용서와 화해가 필요한 경우라도 당사자와의 만남이 마음의 부담으로 작용하거나 상대가 완강하게 만남을 거부한다면 편지나 글, 간접적인 전언으로 대체하는 것이 좋다.

영상 기록 : 영상편지는 죽음을 앞둔 사람이 가족과 지인들에게 남기고 싶은 말을 말과 영상을 통해 기록으로 전할 수 있다는 점에서 효과적이다. 노인 죽음준비교육에서도 영상편지 쓰기는 죽음에 대한 인지적 교육이 이루어진 다음에 행동적 차원에서 실천할 수 있는 핵심교육과정이다. 특히 영상편지는 디지털, 인터넷 시대에 다양한 매체를 활용할 수 있고 글을 쓰는 일에 비해 상대적으로 수월하게 기록을 남길 수 있다는 점에서 권장할 만하다.

영상편지를 기록하는 방식은 다양한 영상 기록 매체를 활용할 수 있다. 비디오 카메라를 통해 말을 남기는 방식이 대표적이다. 스마트폰의 비디오 카메라를 통해 영상을 남길 수도 있다. 스마트폰은 일상생활에서 빈번하게 사용되므로 의도적으로 기록을 남긴다는 촬영에 대한 부담감을 덜어줄 수 있고 타인들과의 공유가 용이하다는 장점이 있다. 자신의 죽음에 대해 좀 더 객관화하여 바라볼 수 있고 죽음을 앞두고 자신의 생각을 보다 많은 사람에게 전하고 싶은 사람이라면 사회적 소통의 매체를 이용할 수도 있다. 사회적 소통을 위한 매체란 각종 SNS와 유투브와 같은 인터넷의 동영상 공유 사이트를 말한다. 다만 사회적 소통 매체를 이용할 때는 그 내용이 남은 가족이나 사회에 부정적인 영향을 주지 않아야할 것이다.

죽음을 앞둔 사람이라면

암 선고를 받고 회복 불가능한 상태에 처한 신경학 전문의 색스 박사는 ‘나의 인생’(My Own Life)이라는 짧은 자서전을 통해 죽음을 긍정적으로 수용하고 자신이 살아온 삶을 돌아보며 그것에 대해 감사한 마음을 글로

남겼다.2)

> "한 달 전, 나는 건강하다고 생각했다. 팔팔하다고까지 느꼈다. 여든한 살에 나는 여전히 날마다 1마일(1.6㎞)씩 수영을 한다. 하지만 내 운은 다했다. 몇 주 전 암이 간으로 전이된 것을 알았다. 9년 전 안구 흑색종이라는 희귀 암 진단을 받았다. 방사선 치료 등을 했지만 한쪽 눈의 시력을 잃었다. 이 암이 전이될 확률은 무척 낮다. 내가 바로 그 불행한 2%에 속했다. 2%의 불행에 속했지만 남은 시간 내게 달려… 아름다운 지구에서 산 것만으로도 큰 특혜였다."
>
> 올리버 색스 뉴욕대 의학대학원 신경학 교수

색스 박사는 죽음을 앞두고, "나에게 남은 몇 개월을 어떻게 살지는 나한테 달렸다. 최대한 풍요롭고 깊이 있게 생산적으로 살아야 한다", "이것이 삶의 끝은 아니니다", "나는 살아 있음을 강렬하게 느낀다", "그 시간에 우정을 깊게 하고, 사랑하는 이들과 작별하고, 더 많이 쓰고, 힘이 닿는다면 여행도 하고, 이해와 통찰력을 한 단계 높이게 되기를 희망한다", "나와 내 일, 친구들에게 집중하겠다"라고 말한다. 그의 삶에 대한 인식과 태도를 살펴보면 우선 남은 삶에 대한 소중함과 보람 있는 삶에 대한 다짐, 삶에 대한 의지와 생존의 희망, 타인과의 관계의 소중함과 그것의 지속 등을 강조

2) OLIVER SACKS, 'My Own Life', Oliver Sacks on Learning He Has Terminal Cancer, 〈The New York Times〉, 2015. 2. 19.

하고 있다.

삶의 희망을 되살리고 남은 삶을 보람 있게 보내는 방법으로 버킷리스트(BUCKET LIST) 작성을 생각해볼 수 있다. 버킷리스트란 죽기 전에 꼭 해보고 싶은 일의 목록을 작성하여 그것을 실천하는 행위이다. 죽음을 앞둔 사람들은 대개 자신이 살아온 삶에 대한 후회나 이루지 못한 꿈, 가보고 싶은 곳, 만나고 싶은 사람, 해보고 싶은 일을 떠올리기 마련이다. 죽음에 이르기 전까지 삶의 시간이 남아있고 최소한의 건강이 허락한다면 나만의 '버킷리스트'를 작성하여 실행해 볼 수 있을 것이다. 죽음을 앞둔 사람은 이와 같은 행위를 통해 마음의 위안을 얻어 웰다잉을 실현할 수 있을 뿐 아니라 주변 사람들에게도 희망과 위안을 줄 수 있기 때문에 '버킷리스트'를 작성 역시 남아 있는 시간을 정리할 수 있는 좋은 방법이 될 것이다.

*** 버킷리스트 작성 원칙과 방법**

지나온 삶을 돌아보고 남은 시간 동안 꼭 이루고 싶은 일의 목록을 작성한다. 버킷리스트는 '하고 싶은 일', '가보고 싶은 곳', '만나고 싶은 사람' 등으로 세부 영역을 나누어 작성한다. 가급적이면 주어진 여건에서 실현 가능한 일 중심으로 작성하고 주변 사람들에게 큰 부담을 주지 않는 내용이어야 한다.

목록이 작성되었으면 실천할 수 있는 세부 실행 방안을 구체적으로 세운다. 버킷리스트의 실행을 위해서는 건강상태, 시간과 비용, 조력자의 동의와 도움 여부 등을 종합적으로 검토해야 한다. 버킷리스트가 실행되었을 때 얻을 수 있는 효과와 주변 사람들에게 미칠 수 있는 영향에 대해서도 생각해본다.

버킷리스트의 내용은 작고 소박하더라도 정신적 위안과 기쁨을 줄 수 있는 일이 좋을 것이다. 예를 들어 '뮤지컬 공연 관람하기', '프로야구 경기장에 가서 좋아하는 팀 응원하기', '한강 유람선에서 식사하기' 등의 비교적 실천하기 쉬우면서도 기쁨을 얻을 수 있는 계획을 세우는 것이 좋을 것이다.

죽음과 관련된 법률적 문제 : 사전의료의향서와 사전장례의향서

사전의료의향서 : 대부분의 사람들은 죽음이 가까운 순간에는 대개 의식불명 상태에 빠지게 된다. 그렇지 않은 경우라도 불의의 사고로 회복 불가능한 상태에 놓이거나 뇌사상태에 빠져 의사결정능력을 상실할 수도 있을 것이다. 사전의료의향서란 의사결정능력이 있을 때 생명 연장과 특정치료 여부에 대한 자신의 생각을 밝히는 문서이다. 사전의료의향서를 작성하지 않는 환자의 경우 의식이 없고 뇌사 상태에 빠져 회복 가능성이 없더라도 인공호흡기로 숨을 쉬고 튜브를 통해 영양공급을 받는 연명치료를 받을 가능성이 있다.

환자가 의사결정능력을 상실하고 연명치료에 의존할 경우 의료진은 치료를 계속하게 되고 가족들 또한 원하던 원하지 않던 환자의 치료를 중지할 수 없는 상황에 놓이게 된다. 회복 불가능한 환자를 계속 치료할 경우 환자 가족들의 경제적, 정신적 고통도 가중되겠지만 무엇보다도 환자는 자기 삶의 주체로서 아무런 판단도 내릴 수 없다는 점에서 어떤 의미에서는 비인간적인 처지에 놓이게 된다.

질병이나 사고로 의사결정능력을 상실하는 상황에 대비하여 사전의료의향서를 써둔다면 가족을 위해서도, 당사자를 위해서도 도움이 될 뿐 아니라 진정한 의미에서 인간으로서의 존엄성을 지키며 삶을 마무리할 수 있다. 환자는 중환자실에서 있을 수 있는 고통 속에서 인공호흡기와 음식물 공급 튜브에 의존해 하루하루 살아가는 비인간적인 상황에서 벗어날 수 있다.

가족들 입장에서는 환자가 회복 불가능한 상황에 있다는 것을 알고 있으면서도 보호자로서 생명을 살리려는 노력을 할 수밖에 없다. 회복 불가능한 환자가 고통 속에서 살아가는 모습을 보는 가족들은 경제적 어려움 못지않게 정신적 고통에서도 자유롭지 못할 것이다.

사전장례의향서 : 사전장례의향서 역시 사전의료의향서와 마찬가지로 죽음을 앞두거나 일정한 나이에 이른 사람이 자신이 죽은 뒤 있게 될 장례방식과 시신을 처리하는 방식을 가족들에게 미리 알려주는 것을 목적으로 하는 문서이다. 사전장례의향서를 작성하면 죽은 뒤에도 남은 사람들에게 자신이 어떤 사람으로 기억될 것인지 그리고 어떤 방식으로 마지막을 그들과 함께 할 것인지 결정할 수 있다는 점에서 마음의 위안을 줄 수 있을 것이다.

고인의 가족들 입장에서도 고인이 원하는 방식으로 장례를 치를 수 있다는 점에서 남은 사람으로서 마음의 위안과 평안을 얻을 수 있을 것이다. 특히 가족의 경제적 부담을 덜어줄 수 있는 내용으로 사전장례의향서를 작성하면 관혼상제에 부담이 많은 우리나라의 경우 남은 가족들의 경제적 부담이 줄어드는 것은 물론 장례만큼은 최선을 다해 치러야 한다는 정신적 부담에서도 벗어날 수 있을 것이다.

죽음 이후의 문제들

죽음은 막을 수 없고 불가역적인 일이지만 한 생명이 이 세상을 떠난 이후에도 죽음과 관련된 문제는 완전히 끝나지 않는다. 즉 남은 가족의 사별에 따른 비탄과 트라우마, 경우에 따라서는 경제적 어려움 등의 문제가 나타날 수 있다. 뿐만 아니라 고인의 유품을 정리하고 고인과 관련된 법률적 문제에 이르기까지 남은 가족이 감당해야 할 몫은 적지 않다.

남은 가족들이 해야 할 일

가족 중 한 사람이 세상을 떠나고 나면 유족들은 상실의 슬픔과 고통 속에 빠지게 된다. 장례 중에는 문상객을 맞고 입관부터 매장까지 이어지는 절차 속에서 장례와 관련된 현실적인 문제를 해결해야 하기 때문에 유족으로서 비탄에만 빠져있을 수 없다. 모든 장례 절차가 끝나고 가족들만 남게 되고 특히 고인의 흔적이 남아 있는 공간과 유품을 보게 되면 고인의 부재를 실감하고 현실 속에서 느끼게 되는 2차적인 슬픔과 비탄에 빠질 가능성이 크다. 그럼에도 유족들은 고인의 유품을 정리해야 한다는 현실의 문제에 직면하게 된다. 또한 유품 정리는 그 과정 속에서 고인을 추모하고 기억하면서도 고인과 현실 세계에서 작별하고 그 기억을 객관화하는 과정으로서 매우 중요하다.

고인 유품정리 : 유품 정리는 고인의 배우자나 부모, 형제 등 가장 가까운 사람의 완전한 동의를 얻어 이루어져야 한다. 유품의 처리는 단기간에 처분되어야할 물품, 처분에 수개월이 소요되는 물품, 오래 보전해야할 물품으로 나누어 시간적 여유를 두고 처분 대상과 처리 기간을 결정해야 한다. 유품 처리는 원칙적으로 고인의 유언이나 평소의 생각을 반영하여 결정하되 가족이 처해있는 상황이나 현실적인 문제를 고려하여 결정할 수 있다.

유품 중 특히 쉽게 돈으로 환산될 수 있는 재산에 대해서는 처분 후에 상속과 관련된 법률적인 문제가 발생할 수 있으므로 법적 검토와 가족들의 협의를 필요로 한다. 고인의 배우자나 부모 중에는 고인과 관련된 모든 물건을 보존하기를 원하는 사람도 있을 것이다.

고인추모하기 : 유족들은 고인이 사망한 뒤에도 '유가족'으로서 사망을 목격하고 현실의 사건으로 인지한 순간 못지않게 2차적인 슬픔에 빠질 가능성이 크다. 사람에 따라서는 고인이 사망한 직후보다 일정한 기간이 지나 상실의 고통을 더 크게 경험하기도 한다. 물론 고인의 사망에 따른 상처와 고통에 있어 정도의 차이는 있겠지만 그 경험은 단시일 내에 사라지지는 않는다. 심한 경우 가족을 잃은 슬픔은 정신적 트라우마 형태로 남아 일상생활 자체가 불가능할 정도의 정신적 혼란에 빠지기도 하고 극단적인 경우 자살과 같은 죽음으로 나타나기도 한다.

* 몸과 마음의 치유 문제를 연구한 웨스트버그(Granger E. Westberg)는 그의 저서 『위안이 되는 슬픔*Good Grief*』[3]에서 유족들이 겪을 수 있는 슬픔과 고통, 정신적 충격을 10단계로 나누어 설명하고 있다.

① 충격과 부정 : 가족이 사망했다는 사실을 현실의 사건으로 받아들이기 힘들고 죽음을 목격한 사실 자체에서 정신적 충격을 받는 단계이다.

② 감정의 분출 : 유족들은 이 단계에서 상실의 아픔과 비탄을 겪게 되고 사람에 따라서는 감정이 외부로 강하게 노출되기도 한다.

③ 분노 : 유족들은 고인의 사망과 관련된 사람에 대해, 특히 사고일 경우 분노하게 된다. 사람에 따라서는 자신에게 상실의 슬픔을 안겨준 고인에 대해 원망의 감정을 품기도 한다.

④ 질병 : 상실과 사별의 스트레스는 유족들에게 지속적인 정신적 충격을 가져오고 몸과 마음의 질병으로 나타나기도 한다.

⑤ 극심한 공포 : 유족들 중에는 혼자 남았다는 현실 앞에서, 고인을 더 이상 만날 수 없다는 현실 앞에서 극심한 공포와 충격에 사로잡히기도 한다.

⑥ 죄의식 : 유족들은 고인이 사망하기까지 자신이 아무런 역할을 하지 못했다는 죄책감에 사로잡히기도 한다. 한편으로는 고인이 살아 있을

3) Westberg, Granger, *Good Grief*. Philadelphia: Augsburg Fortress, 1962.

때 잘못했거나 해주지 못한 일을 떠올리며 회한에 사로잡히기도 한다.

⑦ 우울증과 외로움 : 우울과 외로움은 가까운 사람을 잃은 뒤 상당기간 지속되고 대부분의 유족이 현실의 삶 속에서 부딪치게 될 감정 상태이다.

⑧ 역경으로 돌아가기 : 많은 경우 유족들은 고인을 추모하는 정도를 넘어서 상실을 현실의 사건으로 인정하지 못하고 지속적인 슬픔과 우울감에 사로잡힌다. 일상생활에 복귀하지 못하고 고인과의 정신적 유대를 현실에서도 찾으려는 경우이다.

⑨ 희망 : 고인에 대한 그리움과 슬픔의 감정에서 완전히 자유로울 수 없으면서도 주어진 현실을 인정하고 일상생활로 복귀하기 위해 노력하는 단계이다.

⑩ 현실 긍정 : 유족들은 고인이 생존했을 때와 그 이후의 삶이 다르다는 것을 인정하면서도 고인의 죽음을 현실로 받아들이고 일상생활로 돌아가며 예전의 삶의 방식을 되찾는 경우이다.

'남은 가족'이 겪게 되는 이와 같은 슬픔의 단계가 모든 사람들에게서 동일한 감정으로, 동일한 순서로 나타나지는 않을 것이다. 다만 남은 가족들이 고인을 잃은 슬픔과 외로움을 겪게 된다는 사실 자체는 부정할 수 없는 일이며 불가피한 일이기도 하다. 중요한 것은 고인에 대한 그리움과 슬픔의 감정을 어떻게 극복하고 승화시켜 일상생활로 복귀하는가의 문제이다. 남은 가족들이 슬픔을 딛고 일상생활로 돌아가는 일은 우선적으로 본인의 의지에 달린 문제지만 그들을 위안하고 지지하는 일은 가까운 사람들과 사회의 몫이기도 하다. 결론적으로 고인의 죽음을 현실로 받아들이고 그에 대한 기억을 현실의 삶에 있어서의 긍정적인 에너지로 삼기 위해서는 '고인에 대한 추모'라는 '정신적 정화'의 절차가 필요하다.

고인을 추모하는 일은 죽은 사람에 대한 그리움과 슬픔을 드러냄으로써 앞으로 살아가야할 '남은 사람'이 자신에게 정신적 위안을 주는 행위이며 정신적 정화작용을 통해 삶의 희망을 찾는 과정이기도 하다. 남은 가족은 가족을 잃은 슬픔을 지나치게 억제하거나 부정하기보다는 자신의 내면의 감정을 적극적으로 드러내어 표현하고 자신이 처한 현실을 객관화하여 바라보는 것이 희망과 현실 긍정의 단계로 나아가기 위한 출발점이 된다.

고인에 대한 장례나 추도식과 같은 추모의식은 함께 모인 사람들이 서로를 위안하고 남은 가족이 혼자가 아니라 고인을 기억하는 가운데 유대감으로 서로 묶여 있다는 사실을 알려줌으로써 삶의 희망을 되찾는 데 도움이 된다. 고인의 생일이나 결혼기념일을 기억하고 고인과 관련된 장소를 찾아보는 일도 남은 사람들이 위안을 얻을 수 있는 방법이 될 것이다.

고인의 추모집을 내거나 고인과 관련이 있는 사람들이 모여 추도행사를 할 수도 있다. 또한 사고나 질병으로 가족을 잃은 경험이 있는 사람들이 모여 각자의 경험을 공유하는 가운데 위안을 얻을 수도 있다.

글쓰기 치료

유족들이 겪게 될 죽음과 관련된 스트레스를 극복하기 위한 인문학 치료들은 현재도 계속 개발되고 있지만, 우선 글쓰기 치료를 소개하고자 한다. 글쓰기 치료는 '저널 치료'라고도 불리며 일기나 자서전 형태의 글을 써서 치료의 효과를 얻을 수 있는 방법이다. 일기와 자서전 쓰기는 문학치료에 속하면서도 일상생활을 통해 쉽게 실천할 수 있다는 점에서 많은 사람들에게 권할 수 있는 방식이다. 다만 '저널 치료'는 글쓰기 자체에 대한 부담감을 이겨내야 하고 일정한 시간을 할애해야 하기 때문에 대상자의 상황과 능력에 따라 다르게 적용될 수 있다.

글을 쓸 때의 원칙 : 내 글을 읽게 될 가상의 독자를 정하고 '오직 진실만을 말하겠다'고 엄숙하게 선서하는 것이 좋다. 글을 쓰는 중간에도 내 글을 읽게 될 가상의 독자를 항상 의식하고 대화를 하면서 쓰는 것도 방법이다. 글을 쓰면서, '나는 누구인가?', '어떻게 살 것인가?', '어떤 삶이 의미 있는가?', '나의 삶에서 의미 있는 사건은 무엇이었나?', '살아오면서 타인을 고통스럽게 만든 적은 없었나?', '무엇을 위해 사는가?' 등의 인생의 근본적인 문제에 대해 항상 질문을 던질 필요가 있다.

글을 쓰기 위한 준비 : 우선 글을 쓰는 데 적합한 환경을 마련해야 한다. 조용하고 집중할 수 있는 장소를 선택하여 서둘러 시작하기보다는 마음의 안정, 생각의 정리, 작성 방법에 대해 충분히 생각해보아야 한다. 너무 몰입하거나 글을 잘 쓰겠다는 욕심이 지나쳐 글을 쓰는 데 역효과가 나지 않도록 시간을 분산해서 가장 편하고 여유 있는 시간을 활용해 쓰는 것이 좋다.

무엇을 어떻게 쓸 것인가? : 우선 나는 누구이고 무엇을 느끼며, 무엇을 말하고 싶은지, 나 자신과 관련된 모든 것을 생각나는 대로 쓸 수 있다. 다음으로 지금까지 살아오면서 가장 기억에 남는 일과 자신에게 가장 큰 영향을 준 사람에 대해 써볼 수 있을 것이다. 현재 자신의 감정 상태에 대해 솔직하게 쓰고 그 원인이 무엇인지 설명할 수도 있을 것이다. 지금까지 살아오면서 미워하거나 용서해야할 사람은 없었는지 생각해보고 그 사람에게 하고 싶은 말을 써본다. 마지막으로 삶이 얼마 남지 않았다고 가정하고 남은 삶을 어떻게 살 것인지, 남게 될 가족, 지인들과 어떤 말을 나누고 싶은지, 후회되거나, 꼭 하고 싶은 일은 없는지 솔직하게 써본다.

집필진 소개

(원고 게재순)

01_ **이성재**

서울대학교 역사교육과를 졸업했다. 같은 대학교 대학원 서양사학과에서 「근대적 빈민부조정책의 탄생: 16세기 프랑스 도시의 부조 정책을 중심으로」라는 논문으로 석사학위를, 중앙대 연극학과에서 「일본 여성가극 보총에 나타난 양성의 형상 연구」로 석사학위를 받았다. 이후 프랑스 파리8대학에서 「무대에서의 양성의 형상」으로 연극학 박사학위를, 파리사회과학고등연구원에서 「16~17세기 프랑스 성직자들의 정신세계에 나타난 빈민의 형상과 구원의 추구」로 역사학 박사학위를 받았다. 현재 충북대 역사교육과 교수로 재직 중이며, 저서로는 『68운동』, 『지식인』 등이 있고, 역서로는 『빈곤에 맞서다』, 『빈곤의 역사』 등이 있다.

02_ **박승억**

성균관대학교 철학과에서 현상학과 학문 이론에 관한 연구로 박사학위를 받았다. 독일 트리어 대학에서의 박사후연구원과 청주대 교수를 거쳐 현재 숙명여대 기초교양대학 교수로 재직 중이다. 철학연구회 논문상, 한국연구재단의 창의연구 논문상 등을 수상하기도 했다. 현상학과 학문 이론(과학철학) 분야에서 많은 논문을 발표했으며, 저서로는 『찰리의 철학공장』, 『학문의 진화』, 『디지털 철학』(공저) 등이 있고, 역서로는 『두려움 없는 미래』 등이 있다.

03_ **김연순**

독일 베를린 자유대학에서 독문학 전공으로 박사학위를 받았다. 현재 충북대학교 인문학 연구소의 학술교수로 재직 중이며 성균관대학교와 한성대학교에 출강 중이다. 주요 논문으로는 「시스템으로서 사이보그와 디지털 거주」, 「트랜스휴먼, 인간과 기계의 혼성적 실재에 대한 문화학적 고찰」, 「질병으로서 '멜랑콜리'와 '데프레시옹'에 관한 인문적 고찰」, 「초월적 성스러움과 사이버스페이스」 등이 있으며, 주요 저서로는 『기계인간에서 사이버휴먼으로』, 『하이브리드 포이에시스』(공저) 등이 있고, 역서로는 『포스트휴머니즘』, 『문화학의 이해』가 있다.

04_ **김화자**

파리 10대학 철학과에서 미학전공으로 박사학위를 받았다. 현재 성균관대학교 하이브리드미래문화연구소 선임연구원이며, 명지대에서 객원교수로 재직 중이다. 주요 논문으로 「모리스 메를로-퐁티 표현론에 나타난 형태와 상징의 관계」, 「현대 사진 속 '상상적인 것'에 대한 현상학적 연구 : 모리스 메를로-퐁티의 현상학을 중심으로」, 「기술적 대상(l'objet technique)의 존재 : 디지털 이미지의 존재론을 위한 예비적 고찰」, 「사물인터넷과 메를로퐁티의 '상호세계'」 등이 있다. 저서로는 『미학』(공저), 『프랑스 철학의 위대한 시절: 현상학의 흐름으로 보는 현대 프랑스 사상』(공저), 『하이브리드

포이에시스: 첨단과학기술에 관한 인문적 사유』(공저) 등이 있고, 역서로는 『간접적인 언어와 침묵의 목소리』가 있다.

05_ **오윤희**

독일 만하임 대학에서 독문학과 철학을 공부하고 독문학 박사학위를 받았다. 현재 성균관대학교 <하이브리드 미래문화 연구소> 책임연구원으로 일하고 있으며 성대, 숭실대, 강원대에서 강의 중이다. 주요 논문으로는 「비극의 탄생에 나타나는 세계의 미학적 정당화」, 「하인리히 만의 초기 작품에 나타나는 이방적 요소 연구」, 「독소설 연구의 동향과 전망」, 「뉴미디어를 통한 문학의 새로운 가능성」 등이 있으며, 역서로는 『니체, 그의 생애와 사상의 전기』, 『시간의 이빨』, 『인간의 상과 신의 상』(공역), 『가치』『아무도 없는 빈』, 『바다를 통한 시간여행』(공역) 등이 있다.

06_ **김원한**

서울대학교에서 러시아문학으로 박사학위를 받았다. 현재 충북대학교 인문대학 노어노문학과 교수로 재직 중이다. 푸쉬킨과 톨스토이의 작품을 주로 연구하였으며, 파스테르르타크의 소설에도 관심이 크다. 푸쉬킨과 톨스토이, 파스테르타크의 작품으로 여러 편의 논문을 썼으며, 대표적인 번역서로는 "골로블료프가의 사람들"(문학과 지성사)이 있다.

07_ **고봉만**

프랑스 마르크 블로크 대학(스트라스부르 2대학)에서 불문학 박사학위를 받았다. 충북대학교 불어불문학과 교수로 재직하며, 몽테뉴, 루소, 레비-스트로스 같은 프랑스 사상가들의 저서와 개성 있는 프랑스 소설을 번역·소개하는 작업을 계속해오고 있다. 옮긴 책으로 『인간 불평등 기원론』『역사를 위한 변명』『법의 정신』『덧없는 행복』『보다 듣다 읽다』『악마 같은 여인들』『방드르디, 야생의 삶』 등 다수가 있다.

08_ **박아르마**

서울대학교 대학원 불문학과에서 미셸 투르니에 연구로 불문학 박사학위를 받았다. 현재 건양대학교 기초교양교육대학에 재직 중이며 글쓰기와 문학 강의를 하고 있다. 저서로는 『글쓰기란 무엇인가』, 『투르니에 소설의 사실과 신화』가 있고, 역서로는 『로빈슨』, 『유나』, 『살로메』, 『노트르담 드 파리』, 『에드몽 아부의 오리엔트 특급』, 『축구화를 신은 소크라테스』, 장 자크 루소의 『고백』등이 있다.

노년에 관한 인문학적 성찰

저 자　고봉만 외 7인
발행처　충북대학교 출판부
발행인　윤여표
주 소　(28644) 충북 청주시 서원구 충대로 1
전 화　(043) 261-2952, 3014
팩 스　(043) 274-1256
이메일　presscbu@chungbuk.ac.kr
등 록　제1983-2001-7호
초판 1쇄　2016.07.01
인쇄처　다해 02)2266-9247

ISBN 978-89-7295-263-3 93300

값 14,000원